如何让孩子远离校园欺凌

中国家庭防欺凌教养指南

（第2版）

白璐 [荷]桑德琳 杨湃 著

中国妇女出版社

图书在版编目（CIP）数据

如何让孩子远离校园欺凌 / 白璐，（荷）桑德琳，杨湃著. -- 2版. -- 北京 ：中国妇女出版社，2024.5
ISBN 978-7-5127-2245-3

Ⅰ.①如… Ⅱ.①白… ②桑… ③杨… Ⅲ.①校园－暴力行为－预防 Ⅳ.①G474

中国国家版本馆CIP数据核字（2023）第001660号

责任编辑：王海峰
封面设计：末末美书
责任印制：李志国

出版发行：中国妇女出版社
地　　址：北京市东城区史家胡同甲24号　　邮政编码：100010
电　　话：（010）65133160（发行部）　　65133161（邮购）
网　　址：www.womenbooks.cn
邮　　箱：zgfncbs@womenbooks.cn
法律顾问：北京市道可特律师事务所
经　　销：各地新华书店
印　　刷：北京通州皇家印刷厂

开　　本：150mm×215mm　1/16
印　　张：17.25
字　　数：200千字
版　　次：2024年5月第2版　　2024年5月第1次印刷
定　　价：59.80元

如有印装错误，请与发行部联系

再版序一

在本书修订再版之际，我想起当初写这本书的历程，仍然十分感慨。在开始创作这本书的时候，也就是2020年左右，校园欺凌并未引起社会广泛关注。有幸能够把我们所学所见所用以这样的形式传递给家长，我和我的好朋友兼亲密的合作伙伴桑德琳及杨湃老师非常兴奋。我们那时思考最多的，是如何让更多家庭和学校重视欺凌事件的预防和干预。

转眼来到2024年，要说当下最受关注的社会事件或者教育相关事件，校园欺凌一定榜上有名。一系列让人痛心的事件让越来越多人意识到，校园欺凌其实离我们的孩子很近，这也引发了广泛的社会讨论和焦虑。家长对于校园欺凌的关注度空前高涨。

我想请广大家长换个角度思考一下，除了在学校建立对于校园欺凌零容忍的环境，加大从道德、法制层面对于欺凌事件的关注，从家庭教育的角度，我们是不是也可以帮助到孩子？

我在工作中遇到过很多因为情绪问题来求助的孩子，他们中很多讲述了自己遭遇校园欺凌的经历，并表示自己曾经向家长求助过，但很多家长并没有意识到问题的严重性，只是单纯地嘱咐孩子要把精力放在学习上，当下最重要的是学习，其他不重要。真的是这样吗？

也许，这和很多家长不知道校园欺凌究竟是什么有相当紧密的关系。校园欺凌有多种形式，除了比较容易被认定的肢体欺凌，言语欺凌、关系欺凌、网络欺凌、性欺凌发生的比例可能更高，但它们往往具有隐蔽性，或者很容易被当成单纯的人际关系问题。这很容易导致孩子长期陷入痛苦之中但又得不到足够的支持，对孩子来讲是最可怕的。

我们在各种新闻中看到的很多欺凌导致的恶性事件，往往源于不被家长老师关注的言语欺凌和关系欺凌。实际上，即使最终没有发展成恶性事件，长期的言语攻击或有意孤立，也足以在心理上击垮一个孩子。

当然，除了在孩子遭遇恶性欺凌事件时及时理解并帮助孩子，我们在孩子成长过程中能做的还有更多，比如帮助孩子建立自信、教孩子一些人际交往技能、教会孩子应对可能存在的风险等。

这是我们创作这本书的初衷。校园欺凌的预防永远需要家、校、社共同参与，所以面对可能发生在孩子身上的欺凌风险，家长能做的比想象中的多得多。

也许正是因为我们是站在家长的角度审视校园欺凌的，这本书一面世就受到了很多关注。许多读过本书的家长发现，面对校园欺凌，自己可以做的不仅仅是焦虑和呼吁，还可以采取实实在在的行为帮助、支持孩子。很多家长向我们反馈，原来基于家庭教育的校园欺凌预防和干预不仅仅是在保护孩子，还有助于培养孩子的诸多技能，比如共情能力，与人沟通、协商的能力，拒绝的能力，团体协作能力等。是的，这些方面的成长对于一个孩子未来的发展是有非常大的好处的。

此外，这本书还入选了科技部“2020年全国优秀科普作品”，这对我们来讲更是一个意外惊喜。

当时，我们写作本书的时间相对仓促，有些文字表达不够精准，有些观点尚不严谨。为了将科学的知识和方法更精准地呈现给家长，我们对本书进行了修订。

希望这个全新修订的版本能够帮助到更多家庭和孩子。

让我们共同为孩子建设一个对校园欺凌零容忍的环境！

白　璐

2024年4月

再版序二

首先，很高兴这本书能够再版。五年前，我们三人一起撰写这本书，希望能够帮助到关注校园欺凌的家长群体，让他们在面对校园欺凌这个议题时能够心里有底。这本书获得了一些认可，例如入选“科技部2020年全国优秀科普作品”以及“2022年农家书屋重点出版物推荐目录”。当然，更重要的是，它得到了广大家长朋友的一致称赞。这几年，本书不断加印就是最好的证明。

然而，一想到“校园欺凌”四个字，我仍然感到难过。这些年，校园欺凌引发的恶性事件还是一再出现在新闻里。这样的坏消息见诸报端时，社会总会发出呐喊、表达困惑：这些孩子究竟怎么了？

感到难过的还有那些关心孩子的家长与教师。2023年夏天，有一位教师向我咨询：“杨老师，我觉得很累，我们学校经常发生校园欺凌。但是我只有一个人，没法盯住班上三十多个孩子。有些孩子很聪明，经常在厕所那种监控死角欺凌同学，我该怎么办啊？”我说：“您有没有想过，您一个人盯不住三十个人，但是三十个人是可以彼此照顾的。在自己的伙伴遭受欺凌时，他们可以互相帮助呀。”她恍然大悟。

乐观来看，每一个恶性事件之后，学校、家庭、社会都在努力改变。我们逐渐意识到，校园欺凌发生之后，才去亡羊补牢般给孩子“补课”是缺乏效果的。我们慢慢明白，孩子其实并不单纯，他们原本是一张白纸，我们提供怎样的教育和环境，他们就成长为怎样的人。我们开始醒悟，欺凌不是家庭、不是学校单方面导致。我们需要建立一个体系，一个闭环。和孩子有关的所有人——同学、老师、家长，甚至相关机构，共同参与和关注，才能减少欺凌的发生。

校园欺凌也许不可能消失，但是对于孩子能生活在一个更好的、更安全和谐的校园环境里，我是满怀期待的。

谢谢大家继续关注本书。希望本书能帮助到更多人。

杨　湃

2024年4月

再版序三

这本书要有新版本了，我很高兴。这意味着许多家长和教育工作者阅读了这本书。这意味着本书的内容满足了许多关注青少年心理健康和校园欺凌的成年人的需求。

作为一名心理工作者和性教育工作者，我在世界各地都注意到，心理健康的发展是幸福生活的基础。能感觉到美好和快乐，在家里和学校都有安全感，知道作为一个人可以做自己，可以成为想象中的自己，都是孩子能发展为一个快乐、友好和富有同理心的成年人的巨大动力。

在我40多年的职业生涯中，我目睹了太多孩子的成长。与在不快乐的成长经历、校园欺凌事件、社交恐惧和其他心理问题中挣扎的孩子相比，那些友善、快乐、有同理心的孩子更容易取得巨大的成功，对自己的生活也更加满意。

而如何养育一个快乐友善的孩子，在很大程度上取决于我们教育者与孩子互动的方式。孩子的心理健康（部分）掌握在我们手中。作为成年人，我们可以支持和引导孩子如何变得快乐、友好、有同理心，如何建立令人满意和愉快的人际关系。

欺凌和被欺凌均会给孩子带来强烈的不安全感，这种感觉会影响孩子的自尊和社会交往能力的发展。无论在校内，还是在孩子的生活中，都应杜绝欺凌。制止欺凌始于教育者的反思。自我反思是困难的，但也是与欺凌作斗争的首要条件。自我反思意味着思考我们的行为和互动如何对孩子产生影响。自我反思还意味着改变自己，使自己成为一个更善良、更有同理心的人。这样做会改变你们的互动，也会以积极的方式改变孩子的性格。

让我们通过阅读这本书，了解儿童的社会情感发展，让他们变得更快乐、更善良。当然，更重要的是，让我们通过阅读本书来反思自己的行为，让自己变得更善良、更有同理心。

我衷心希望这本书能为这个世界贡献更多的同理心和善良。

桑德琳

2024年4月

原版序一

让校园欺凌少一点，再少一点……

很多人熟知的我，是一名性教育工作者。在过去的十几年时间里，我一直在和老师、家长、孩子探讨性教育议题。这是一份让我感觉十分荣耀的工作，因为它能给孩子提供切实可行的帮助，让他们健康、自在地成长。

这份工作给我带来了很多和孩子接触的机会，让我有机会了解很多孩子正面对的困惑和挑战。我深切地感受到，当下很多孩子面临的困惑和挑战与校园欺凌有莫大关系。遗憾的是，很多人并没有意识到这一点，甚至孩子也是如此。

我想起一件事，那是发生在一节面向几十个高中一年级学生的性教育课上的事。当时，学生们正在自由讨论。忽然，一个女生哭了起来，并且冲身边的同学大喊：“你们怎么可以这样说！”

我把这个女生带出教室，先安抚她的情绪，之后试图了解发生了什么。女生告诉我，她所在的小组在讨论问题的时候，几个男生老是有意无意地提起某地的性犯罪率特别高，他们的言语中充满了攻击的意味，因为他们都知道她就是这个地方的人。女生说，其实在此之前班里的很多人都拿这个问题攻击过她。女生生气地对我说：“即使他们所说是事实又怎样？我为什么要承受这些？”

在很多人看来，这好像只是孩子之间的玩笑，最多也就是取笑，但这就是典型的欺凌。我也是那一刻有这种感觉的。对，这就是欺凌！我深刻地感受到了那个女孩当时几近崩溃的情绪。这件事给我留下了深刻的印象。

在我所接的各种咨询中，很多孩子向我求助。在各种求助中，有一类问题最近几年非常突出，那就是很多孩子拒绝上学。而在这些拒绝上学的孩子中，有相当一部分面临着同样的问题，那就是他们在学校没有朋友，经常被孤立、被欺负。有孩子讲道，当老师要求全班同学分组活动的时候，没有人愿意和他一组，他最后只能被老师指派到某一组，这让他感到非常尴尬、难过。有孩子讲道，他每天晚上都会在被窝里哭，因为第二天上学时又会被一群人欺负，他们会说他又胖又丑，学习还不好。有孩子讲道，他只是得罪了一个同学，而这个同学找来很多人通过社交平台骂他、威胁他。有孩子讲道，他的社交媒体账号收到了一个同学发给他的上百张色情图片，只因他举报对方考试作弊。

这些孩子还有一个共同的困惑，那就是在生活中没有人能够理解他们。当他们鼓起勇气向父母求助时，父母往往会告诉他们不要在意："你现在最重要的任务是学习，有没有朋友并不重要。"有些家长甚至会在反复催促孩子上学无效时认为孩子并不是真的遇到了什么麻烦，继而指责孩子懒惰、没有责任心、从小被惯坏了等。当家长带着孩子来到咨询室时，他们也只有一个目的，请老师帮助孩子赶紧回到学校。这些家长没有意识到，当在群体中被孤立、被攻击时，孩子所产生的恐惧感是不可忽视的。已经长大成人的我们，恐怕已经忘记我们小时候曾经那么在乎朋友，那么在乎有没有人愿意和我们站在一起。

我很想帮助这些孩子，但常常感觉无能为力。我所能做的只是在咨询室倾听、理解和陪伴他们，尽量通过沟通让家长真正理解和帮助孩子。然而，并不是所有家长都能做到这一点。当然，这并不是因为这些家长不爱孩子，而是因为他们从没有意识到这件事情的重要性。

所以，当有机会写这样一本书时，我是非常开心的。我真心希望所有家长通过这本书能够理解孩子可能面临的困境，并且坚定地和孩子站在一起，支持他，帮助他面对困难、解决困难。我也真心希望家长和学校能通力合作，一起打造零欺凌校园环境，让校园欺凌少一点，再少一点……

现在，这重要的一刻是我对本书另外两位作者的表白时刻。亲爱的桑德琳和杨湃，你们是我的老师、伙伴、朋友，我们不仅在工作上能给予彼此支持，还是生活上的朋友。你们的出现让我的生活充满了乐趣，让我对我所做的事充满了信心。无论是在性教育领域，还是在反欺凌教育领域，共同的愿景和责任感让我们成为一直并肩作战的好伙伴！能遇到你们，能和你们一起工作，我自感非常幸运。爱你们！

白　璐

2020年6月于北京

原版序二

给孩子一个安全的生活及学习环境

在我从事反校园欺凌教育的这几年里，每次与老师、家长、孩子分享我所经历的校园欺凌事件时，我总会提起下面两个故事或其中的一个。

一个故事发生在我上初二的时候。那时，我和周围的同学正值青春期，对一切能促使荷尔蒙分泌的事情充满好奇。一天，我们班来了一个新同学，那是一个女生。她发育得很好，又喜欢穿毛衣，所以身材线条显露无遗。没几天，就有人给她起了个外号——“奶牛”。这个外号很快传遍整个年级，它在全校传开只用了不到一周的时间。一时间，我们周围无论是男生还是女生，每每遇到这个新同学，都会不怀好意地用这个外号“称赞”她。更有同学不知出于什么目的，捕风捉影，编造各种关于她的风月故事。没有多久，她就转学离开了。

另一个故事发生在我上高二的时候。因为文理分科、班级重组，有一些新面孔加入了我所在的班级。其中一个女生，是个篮球特长生，个子很高，留着平头，说话时声音特别大，和男生们玩得很好，和女生们关系也不错。但我们当时的一个老师并不喜欢她，常在课堂上当着全班同学的面抨击她的中性打扮，甚至会用一些难听的话羞辱她。慢慢地，有一些同学也开始对她冷嘲热讽。没过多久，这个女生就去了体校，我们再也没能相见。

我每次想到她们的时候，都十分难过。因为与大家有一些“不同”，她们承受了很多奚落、嘲笑与责难。这就是本书要讨论的主题——欺凌。当时，这两个女孩所遭遇的就是典型的校园欺凌。

如今想来，我也为我自己感到有点难过，这不仅仅是因为她们在遭受这些非难的时候我没能挺身而出帮助她们，也是因为她们的遭遇我也曾经历。进入青春期后，我的发育也很特别。有一段时间，我——一个男生——的胸部突然间就变大了许多，以致我很长一段时间内通过故意驼背来隐藏它们。同时，一直不喜欢篮球、足球这些“男生该做的运动”的我，一直被人说“像个小姑娘”，这使我赶紧剃了卡尺头。

类似我在上面提到的校园欺凌事件，在我们身边，每天都在上演。

相当长一段时间内，我一直在做与反校园欺凌相关的工作。如何才能杜绝校园欺凌？这是我和我的同行一直在思考的问题。培养孩子的同理心、共情能力、社交技能，提升孩子的自尊、自信，是我们在反欺凌这条路上使用最多的方法。其实，无论是受害者，还是欺凌者，都应该是我们帮助的对象，因为从某种意义上讲，欺凌者也会被欺凌事件影响。在今后的日子里，我仍将继续努力。

能和桑德琳与白璐女士一起工作，我倍感荣幸。她们都是非常好的性教育专家及心理专家，她们都有很好的共情能力。对于校园欺凌这个议题，她们非常关注。虽然我们在年龄、阅历、学识、研究领域方面有诸多不同，但我们有一个共同的期待：给孩子创造一个没有欺凌的、安全的生活及学习环境。

正在阅读本书的家长和老师，可能是孩子最后的安全港湾，大家务必在孩子离开港湾驶入人生大海之前，传授他们足够的生存技能与生活经验，让他们知道如何在社会立足，如何爱自己、爱别人。

这很不容易，但很值得。

杨　湃

2020年6月于北京

原版序三

希望每个孩子都能远离欺凌

我一直很讨厌不公平的事情。我的母亲在我长大后跟我说，我在三岁左右的时候，就常告诉她，她不能让我的弟弟哭那么久。随着年龄的增长，我更是觉得我对我兄弟在学校的幸福生活负有极大责任。

有一次，我所在学校的摄影师为我们学校所有孩子及他们的兄弟姐妹拍合影。我记得，当时来拍照的小弟弟没有穿鞋便在镜头前摆姿势，摄影师因此嘲笑他。我非常生气。我小弟弟只不过是在教室里把鞋子弄丢了，摄影师为什么要嘲笑他呢？他没有权利嘲笑他。我拉着小弟弟的手离开了教室，把另外两个兄弟留给了摄影师。我不想再见到那个糟糕的男人。因此，只有我的那两个兄弟出现在了那张合影里。我记得，我当时向我的父母解释了好久。现在，每次看到那张照片，我都会会心一笑。

在我上学的那些年里，对于经常被忽视或被欺负的同学所遭受的不公正待遇，我总是心痛不已。正因如此，我成了学校里有名的常常关注那些校园欺凌事件的人。这样看来，我长大之后成了一名心理医生，也就理所当然了。

我一直想帮助那些深受欺凌事件伤害的人，想让他们感到更舒服、更安心。我一直想让弱者变得更强大，更有信心对抗无缘无故的欺凌。我一直想给那些校园欺凌事件的当事人提供各种工具和技能，提高他们的自尊，让他们意识到每个人都是特别的，都值得被欣赏。

长期以来，我一直在从事与性教育相关的培训工作。在我看来，性教育是每个人实现自我安康的途径之一。除了学习生殖知识外，学习如何建立和维持充满善意的关系也是性教育非常重要的内容。教会孩子与他人友好相处、共情别人的感受等，在我看来，对孩子一生的幸福感至关重要。性教育和反欺凌教育，异曲同工。

在这里，我还要感谢我的两位合作伙伴——白璐和杨湃。他们是我亲密的朋友。有机会和他们一起工作，我很荣幸。我们在反校园欺凌方面有很多相同的观点。我们希望每个孩子都能学会必要的社交技能，都能设身处地共情他人，都能与他人和谐相处，都能远离校园欺凌。研究表明，学会这些的孩子更容易取得成功。

很高兴能与大家分享我们的知识和理念。

桑德琳

2020年6月28日

目　录

第一章　为什么我们要关注校园欺凌

第二章 什么是校园欺凌

第三章 如何发现孩子遭遇了欺凌

第六章 如何让孩子远离校园欺凌

第一章

为什么我们要关注校园欺凌

无时无刻不在上演的校园欺凌

▼

为什么我们要关注校园欺凌？我们先看一下下面这个案例。

萱萱是一名初中生，今年13岁。萱萱上小学时一直是一个开朗、快乐的女孩。在学校里，她成绩一直很好，而且她有很多好朋友。小学毕业后，她和最好的朋友一起升入了同一所中学。从上初中开始，萱萱发现一切都发生了变化。萱萱班里的很多同学来自另一所小学，其中有些女生看上去比萱萱成熟很多。有一个身材高挑、十分漂亮的名叫小美的女生，在班里很有号召力，尤其在女生中很有威信。

小美从第一次见到萱萱起就不是很喜欢萱萱，因为她认为萱萱又胖又丑。后来，小美和其他女生便一起孤立萱萱，对她不理不睬。萱萱开始时并不在意，因为她有自己最好的朋友——那个和自己一起升入这所初中的小学同学。但是，没过多久，萱萱的这个好朋友因为要跟随父母到另一个城市生活，所以转学了。

从那以后，每天去上学成了萱萱的噩梦。以小美为首的一帮女生不仅孤立萱萱，甚至经常打她、骂她。为了让自己的日子好过一些，萱萱经常为小美做一些她不太愿意做的事情，比如替小美倒垃圾、给小美买东西、听命于小美说别人的坏话等。

萱萱完全不知道该怎么对付拥有强大能量的小美和她的那一帮追随者。慢慢地，她觉得自己越来越傻、越来越丑、越来越胖。有一次，她在班级微信群里看到了好几张某同学用电脑合成的带有她头像的不雅照。之后，很多同学在传播这些照片，以致后来全校大部分学生都看到了这些照片。萱萱觉得非常尴尬，却不知道该怎么办。那段时间，每天晚上她都会在被窝里哭泣；每天早上去学校时，她肚子都疼得十分厉害。

有一天，萱萱终于鼓起勇气告诉妈妈："妈妈，我不喜欢班上的某些女生。"但是，萱萱并没有讲太多。妈妈劝她想开点儿，妈妈说："你别这么敏感。我小时候也经历过这些。你不当回事儿，它就过去了。你现在最重要的任务是学习，我希望你以后考上一所好的大学。"听妈妈这样说，萱萱越发感到无助。

这天晚上，萱萱在日记本上写道："我不知道该怎么办。我没有力气与这个群体作斗争。她们不喜欢我，讨厌我。我又丑又笨。我的生活真是一场噩梦。对我来讲，唯一的解决办法，就是自杀。这样对大家都好。爸爸妈妈以后再也不会因为我成绩差而感到失望了。明天，一切都将结束。我等会儿吃下安眠药，沉沉地睡去，将不再醒来。再见了，亲爱的世界！再见了，亲爱的爸爸妈妈！爸爸妈妈，请不要自责！这不是你们的错。一个渺小的我要从这残酷的世界消失了，我将去寻找我的幸福……"

第二天早晨，萱萱妈妈看到了躺在床上的萱萱和她身边的日记本。

幸运的是，由于抢救及时，萱萱活了下来。

事实上，这样的事情几乎每天都在上演。

近些年，随着被媒体报道的校园欺凌事件越来越多，校园欺凌相关话题引发了人们极大的关注。很多家长开始担心，在我们看不到的孩子的校园生活中，孩子都经历了什么？他们是否有可能受到伤害？他们遭遇校园欺凌的风险有多大？

我们来看一些数据。国内近些年关于校园欺凌的大大小小的调查研究中，在校中小学生遭受校园欺凌的比例为16%～32%，其中留守儿童学校和寄宿制学校中遭受过校园欺凌的学生比例相对较高。2017年5月20日，中国应急管理学会校园安全专业委员会发布的《中国校园欺凌调查报告》指出，在校中小学生遭受欺凌的发生率高达25.8%。从时间跨度上来看，21世纪初至今的各种研究或调查报告显示，我国的校园欺凌发生率已经从当时的20%左右上升到30%甚至以上。

校园欺凌面面观

▼

各种关于校园欺凌的调查报告显示，校园欺凌的形式以言语欺凌居多，网络欺凌的比例近些年上升较快。虽然在各种关于校园欺凌的新闻报道中，我们看到的校园欺凌更多的是肢体欺凌，但在各种调查研究中，肢体欺凌所占比例远低于言语欺凌和关系欺凌。

各种研究及调查报告还显示，男孩遭受欺凌的比例远高于女孩，并且男孩遭受肢体欺凌的比例更高，而女孩遭受言语欺凌的比例更高。同时，农村学校的欺凌现象相较城镇学校更多，留守儿童较多的农村学校欺凌现象更多，中学的欺凌现象相较小学更多。

从家庭层面来讲，家庭成员的受教育程度、经济状况对于校园欺凌的影响并不明确，但家庭成员之间的关系和家庭教养模式对于孩子在校园是否会遭遇欺凌有明显影响。与父母关系较差或是与父母互动不畅的孩子往往更容易成为被欺凌的对象，或是更容易成为欺凌者。另外，社会交际能力相对较弱的孩子更易遭受欺凌。社会交际能力的养成在很大程度上取决于家庭教育模式。

校园欺凌发生率越来越高的原因

▼

也许你很困惑，校园欺凌的发生率为什么越来越高？对于这一问题，目前并没有明确的解释，但很多研究者从以下几个层面分析了可能的原因。

研究本身的原因

长期以来，我们对校园欺凌的关注不多，相关研究更少。在学术研究层面，对于校园欺凌的概念的界定还不清晰，很多研究甚至将校园欺凌和校园暴力（更关注肢体欺凌）混淆在一起。直到最近这几年，具体地讲是从2016年开始，相关研究才大量增加，真正的校园欺凌才得到关注。所以，在此之前广泛存在的校园欺凌事件没有被完全统计出来。

社会原因

长期以来，人们对于校园欺凌现象普遍缺乏认识，并且没有意识到校园欺凌会给孩子带来负面影响。因此，发生在学生之间的欺凌事件很容易被成年人看作“闹着玩儿”或者“调皮捣蛋”。只有相关事件性质较为恶劣或造成较严重的后果时，才会受到重视并得到处理。

如此一来，校园欺凌对被欺凌者、欺凌者以及校园中的其他学生产生的负面影响一直没有得到重视。

家庭原因

长期以来，中小学生大多为独生子女。很多孩子在成长过程中缺乏和同龄人互动的机会，而在成长过程中与同龄人的各种互动是人际交往能力形成的重要基础。

同时，随着经济的快速发展，生活节奏的加快，很多家长每天都十分忙碌，在很多家庭隔代养育代替了亲子养育。在隔代养育中，老人通常将更多注意力放在孩子的物质生活上，很难和孩子有心灵上的沟通和交流，这在一定程度上减少了孩子练习沟通能力、交流能力的机会。

另外，家庭内部矛盾过多，夫妻间的争吵过多，对孩子的教育过于简单、粗暴，都会给孩子带来一定的心理压力，影响孩子的情绪，进而促进校园欺凌事件的发生。

还有一些家长由于长期忙于工作，对孩子有一定的愧疚心理，从而可能过于呵护、偏袒甚至溺爱孩子，久而久之会使孩子更多地以自我为中心、缺乏同理心、不会共情、很难理解和考虑他人的感受、遇事容易归咎于他人等，这也容易导致欺凌行为的发生。

对学习成绩的过度关注

在很多中国家长的观念里，高考是能够改变一个人人生轨迹的重要事件，好的成绩代表了好的未来。因此，很多家长往往更重视孩子的学习成绩，与此同时很容易忽视孩子社交能力的培养。社交能力的缺失，很容易让孩子卷入校园欺凌事件，或是成为受害者，或是成为欺凌者。

校园欺凌对孩子的影响

▼

校园欺凌对欺凌者和被欺凌者的心理都会产生不良影响。研究显示，欺凌会严重降低受欺凌者的自尊、降低受欺凌者的自我价值感。因为害怕遭受反复欺凌，受欺凌者可能会采用消极、退缩的应对方式，因而常常处于恐惧、紧张和焦虑之中。因为遭受欺凌后会产生恐惧情绪，被欺凌的孩子更容易出现厌学心理和行为。

持续的高强度的压力会给孩子的身心带来严重不良影响。长期的压力会使身体释放大量的压力激素（皮质醇）。这可能会使孩子当下或者成年后更容易罹患一些疾病，比如心脏病、高血压、糖尿病、肥胖症、胃肠功能紊乱、皮肤过敏、呼吸道感染、免疫性疾病、失眠、抑郁症、焦虑性障碍、创伤后应激障碍（PTSD）、精神分裂症等。有些时候，就像本书开头提到的萱萱同学一样，没办法承受过大的压力时，有些孩子可能会做出极端行为。

对于欺凌者来说，他们之后有可能会将欺凌行为当作自己达成某些目的的手段，从而在遭遇挫折或面临困境时更倾向于采取极端的方式解决问题。这对于他们的身心健康和人际交往都将带来严重的负面影响。

欺凌行为不仅会对欺凌者和被欺凌者的身心健康造成消极影响，还可能影响其他孩子。身处有人被欺凌的环境的每一个孩子都可能产生不安全感，这会直接影响孩子的情绪状态和校园生活。比如，孩子可能因此十分紧张、恐惧，甚至担心自己被欺凌，这种担忧将会让孩子每天处于一种强烈的不安全感中。

从家庭教育层面入手，让孩子从根本上远离校园欺凌

▼

现在，我们国家对于校园欺凌给予了越来越多的关注。2016年4月，国务院教育督导委员会办公室印发《关于开展校园欺凌专项治理的通知》，要求“各地各中小学校针对发生在学生之间，蓄意或恶意通过肢体、语言及网络等手段，实施欺负、侮辱造成伤害的校园欺凌事件进行专项治理”。2016年11月，教育部联合多部门印发《关于防治中小学生欺凌和暴力的指导意见》，要求加强教育预防、依法惩戒和综合治理，切实防治校园欺凌和暴力

事件。

可以说，在2016年之前，我国很多相关的规范性文件均将校园欺凌事件归为“事故”。从2016年起，我国第一次在正式的规范性文件中明确使用“校园欺凌”的概念，并且明确指出校园欺凌不仅指肢体层面的欺凌，还包括语言层面、心理层面的欺凌。在后面的内容中，我们会就到底什么是校园欺凌以及校园欺凌具体包括哪些类型进行详细探讨。

相较于各种关于校园欺凌的数据和调查研究，发生在我们身边的一个个活生生的案例，无时无刻不在提醒我们，关注和防治校园欺凌刻不容缓。我们来看两个案例。

案例一：

一次，16岁的女孩薇薇在我的咨询室向我讲述了她近一年的经历。在一次课外活动中，她和一个男生产生了冲突。后来，这个男生发动很多同学通过微信辱骂她，甚至给她发色情图片。她因此删除了很多微信好友。但是，还是有同学经常通过各种方式骚扰她。有一天，薇薇没有控制住自己，一边哭一边向同宿舍的好朋友晓琪倾诉自己的遭遇。在倾诉过程中因为过于激动，她不仅又哭又喊，还砸坏了好多东西。谁知这一切全被晓琪用手机录了下来。晓琪还将视频传给了其他同学。

薇薇失望地对我说，被同学辱骂让她觉得委屈、愤怒，好友晓琪对她的背叛又让她十分恐惧。她觉得身边充满了危险和随时可能出现的伤害。她也曾尝试向父母讲起这些事，但父母只是告诉她："你不要在乎那些人，别和他们一般见识。他们只是你生命中的过客。你毕业以后也许一辈子都不会再见到他们了。你要把注意力放在自己身上，放在自己的前途上。"

薇薇告诉我："我发现，我真正的恐惧在于，我觉得身边没有人能理解我，没有人会站在我这边。"

案例二：

14岁的男孩小志因为过度沉迷于网络游戏而被父母送到我的咨询室。刚开始，小志并不讲话，直到讲起网络游戏时才滔滔不绝地说起话来，言辞之间时常流露出一种自豪感。

慢慢地，小志才讲起自己的遭遇。小志从小没有多少朋友，他似乎并不知道如何和朋友相处。小时候，他觉得一切还好，因为他有很多可以自己做的事情。但在上了初中之后，他发现班级里的同学都有自己的朋友圈子，而他完全融入不了。

小志告诉我，他早已经习惯每天独来独往，只是每次班级分组活动的时候，没人愿意和他组队让他觉得很尴尬。他觉得被老师强行安排到某一组让自己很丢脸，别人对他的冷淡也让他很不舒服。但他觉得在游戏中一切就不一样了。

小志打游戏很厉害，有很多人愿意和他组队。在游戏的世界里，他觉得很安全、很舒服。所以他不想上学，不想和同学交流，只喜欢在游戏中和网络上的游戏搭档交流。

我问小志："你对于未来的设想是怎样的？"他说他没想那么多，他觉得只要有游戏打，只要不用面对同学，一切就挺好。

每次在咨询室遇到这样的孩子，我都觉得非常心痛，我希望自己能够做更多的事情来帮助他们。

让我们高兴的是，越来越多的学校开始关注校园欺凌，发出“校园欺凌零容忍”的倡议。很多遭遇了校园欺凌的孩子，因此被我们“看到”，并得到了我们的帮助，但还有相当多的孩子依然在苦苦挣扎。欺凌有的时候真的不那么容易被看到，它可能很隐蔽，可能在很多人看来是稀松平常的小事，却对当事人造成了很大的负面影响。面对校园欺凌，家长能做些什么？这是我们现在想要关注的，也一定是很多家长朋友特别关注的。

其实，关于家庭教育对于校园欺凌的影响，国内外都有相关研究。研究发现，家庭教育可通过影响孩子的自尊、自信、共情能力、人际交往能力、解决问题的能力等，进而影响孩子面对校园欺凌时的状态。我们可以通过家庭教育避免孩子成为欺凌者，也可以最大程度地避免孩子成为被欺凌者。

更重要的是，我们要教会孩子：一旦遭遇了校园欺凌，他应该如何应对，比如如何求助、如何自救等。

面对媒体不断曝出的欺凌事件，家长普遍感到很焦虑，期待政府、学校能够出台更多有效措施来防治校园欺凌。当然，学校需要改进的地方肯定存在，但家长是孩子成长的第一责任人，自然应发挥更大的作用。

通过这本书，我们希望广大家长朋友能够找到可以帮助孩子应对校园欺凌的方法。

通过这本书，我们希望更多被校园欺凌影响的孩子被看到，能够得到更多帮助。我们希望通过这本书告诉广大家长朋友，如果你的孩子正在经历校园欺凌，你应该如何应对才能更好地帮助孩子。我们更希望告诉广大家长朋友，怎样才能在家庭教育中教会孩子很多技能，从而让孩子学会应对校园欺凌，在遭遇校园欺凌时更有力量、更懂得应对、更会求助甚至自救。

基于校园欺凌的相关研究和干预实践经验，本书还将重点讨论如何通过恰当的家庭教育支持孩子发展社会能力。这样的教育不仅能够帮助孩子更有效地远离校园欺凌，对孩子的身心健康以及未来适应社会的能力都将产生十分积极的影响。

所以，拿起这本书并且能够努力实践的你，不仅能帮助孩子远离校园欺凌，还能帮助孩子开启真正幸福的人生。

家长作业

孩子上学后，你是否有过与校园欺凌相关的担忧

亲爱的家长朋友，你上学的时候遭遇过校园欺凌吗？你对校园欺凌有什么看法？你的孩子上学后，你是否有过与校园欺凌相关的担忧？

另外，问一问你的孩子，他的学校是否存在欺凌现象，他对校园欺凌有什么看法。

第二章

什么是校园欺凌

欺凌者和受害者

▼

在这本书中，我们会使用“欺凌者”和“受害者”这两个词来指代欺凌事件的当事人。在一些西方文献中，有研究者拒绝使用这两个词，因为他们认为这样的词语是对当事人的侮辱。比如，他们认为，我们称某人为受害者时，相当于没有给受害者成为幸运者或应对欺凌的机会。于是，很多人建议把欺凌者称为“给予者”，而把受害者称为“接受者”。我们完全同意这种建议背后的用意，但为了便于读者阅读和理解，我们在本书中还是决定使用“欺凌者”和“受害者”。

什么是欺凌

▼

在讨论什么是欺凌之前，我们先看几个案例。

案例一：

小瑞是一个8岁的男孩，正在上小学。他是独生子，家境很普通。他的父母每天都非常忙碌，周末也经常加班，他大多数时候都和爷爷奶奶生活在一起。

小瑞的爷爷奶奶十分宠爱他。小瑞长得高高大大，稍微有一些胖，比他大多数同学都要壮实一些。

因此，有同学给小瑞起了个外号——“老猪”。平时，班里同学都这么叫小瑞，大家并不觉得这个名字有什么问题。毕竟，班里几乎每个同学都有外号。

可以说，这样的情况对小瑞这个年龄段的孩子来讲是非常普遍的。大多数孩子都不会因为自己有一个外号而烦恼，但是小瑞感觉不是很好。

慢慢地，小瑞对自己越来越没有信心。每当有人叫自己“老猪”时，小瑞都觉得自己好像真的和猪一样笨拙。

案例二：

静静是一个13岁的女孩，正在上初中，她平时和妈妈生活在一起。静静很小的时候，她的父母就离婚了。现在，静静已经不太记得爸爸的样子了。

因为要赚钱养家，静静的妈妈每天都在非常辛苦地工作，没有太多时间照顾静静。可以这么说，静静的爸爸妈妈很少出现在学校。静静的同班同学都因此嘲笑静静，说她是没有爸爸妈妈的孩子。有时，同学们还会在班上公开讨论这件事。有的同学甚至问静静："你的妈妈是不是性工作者？我们都知道她每天很晚才下班。"

一次，静静在班级微信群里看到一张图片。那是一张用电脑合成的图片，图片中的女子看上去十分妖娆，而头像正是静静的妈妈。图片上还有一行不堪入目的文字。静静十分生气，但也没有什么办法。静静想，过几天大家都忘了这张图片也就没事了。

然而，静静没有想到的是，接下来的几天，她发现班级微信群里有人以上次那张图片为基础合成了好多表情包，并在聊天的间隙不停地往群里发。很多同学以此为契机不断地调侃静静和她的妈妈。更有同学将这些表情包放在了其他社交媒体上。

静静郁闷极了，但又不知道怎么办，甚至不知道找谁倾诉。

案例三：

小宇是一个16岁的高中生，他非常聪明，在学校学习也很用功，但从小学开始，他就觉得自己和班级里别的男生不太一样。比如，大多数男同学都喜欢踢足球、打篮球，他们还经常大吵大闹，互相推搡，甚至有肢体冲突，而这些小宇都不喜欢。

上小学的时候，小宇经常和班里的女生一起玩，很多女生也很喜欢跟他玩。然而，小宇上了初中之后，班上的很多女孩子并不喜欢和小宇一起玩。小宇上了高中之后，这一点更明显了。

小宇周围的男生注意到小宇和他们不一样后，便开始叫他“娘娘腔”，这让小宇感觉很尴尬。小宇觉得没有人理解自己，感觉很孤独。慢慢地，班里的一些女孩也经常对着小宇指指点点、窃窃私语。小宇每次走进教室，都会引来同学们的嘲笑。

小宇感觉自己不会被任何人接纳，这让他非常难过。

案例四：

琪琪今年5岁，她从小生活在一个小村子里。为了生计，琪琪的爸爸妈妈带着她离开农村到城里打工。琪琪来到新的幼儿园之后，别的小朋友都不想和她一起玩，他们说她不仅身上有一股怪味儿，而且每天都穿一样的衣服和鞋子。有的小朋友甚至不想和琪琪坐在一起。

琪琪感觉非常难过、伤心，不知道该怎么办，后来干脆不想再去幼儿园了。不仅如此，已经很久没有尿床的琪琪又开始尿床了。

琪琪的妈妈非常生气，但她并不知道琪琪身上到底发生了什么。

究竟什么是欺凌呢？欺凌是一个复杂的概念。正是想让大家彻底弄清楚什么是欺凌，我才列举了上面几个案例。当你读完这些案例，你有什么感觉？你是否能够发现这几个案例的一些相同点呢？虽然发生在孩子身上的事情各不相同，但这几个案例有一个共同点，那就是案例中的主人公身边的同学所做的事情，无一例外地让案例中的主人公感受到了悲伤、不快乐、孤独等。可以说，案例中的这几个孩子出现的负面情绪和他们身边的同学对待他们的方式直接相关。

为了给欺凌下一个定义，很多学者进行了很多与欺凌相关的研究，比如对于欺凌行为本身的研究、对于欺凌行为对相关个体产生的影响的研究等。研究发现，欺凌的定义应涵盖多方面的内容，应包括多个关键概念，所以定义欺凌并不容易。

在这里，我们先来探讨一下欺凌研究先驱、挪威心理学教授Dan Olweus给欺凌下的定义。这也是人们在谈到欺凌时常常采用的一个定义。这个定义是这样的：

“当一个个体反复地、长时间地暴露在另一个或多个个体的消极行为面前时，他就是一个被欺凌者、受害者。”

对于Dan Olweus给出的这个定义，其中最关键的内容是：欺凌行为本质上是具有攻击性的，并且是具有持续性的。

同时，大多数关于欺凌的定义（包括Dan Olweus在1993年提出的定义）都强调了一点，那就是欺凌者与受害者之间存在权力上的差异。这里的权力，指的是一个人行动的能力或对他人有影响的能力。这里的权力同时意味着正面和负面的力量。比如，我们利用自身的权力去创造更好、更利于我们生存的环境，这是权力的正面力量；一个群体利用其自身的优势控制另一个群体，这是权力的负面力量。

另外，大多数关于欺凌的定义，都明确指出欺凌行为应该是施害者主观上的故意行为，或者有造成伤害的意图的行为。

长期以来，这样的定义被全世界许多欺凌研究者广泛采用，直到有学者在研究中遇到了对上文提到的关键原则带来挑战的情境。

加拿大学者Anthony Volk在2014年提出，应根据现有的研究重新考量Dan Olweus给出的定义。

接下来，我们将根据Anthony Volk提出的观点——“欺凌是指伤害了另一个人的行为”，和大家讨论并给出我们改进后的欺凌的定义。

这是一个很短又很清晰的定义。定义中本来应该存在的一些概念被去掉了。下面，我们具体解释一下。

在大多数我们当下正在使用的欺凌的定义中，以下几个关键概念非常重要。它们常被用来区分“欺凌行为”和

“冲动性攻击行为”：

1.欺凌行为是重复的或持续存在的行为；

2.欺凌行为是施害者的故意行为或有伤害别人的意图的行为；

3.欺凌事件的施害者与受害者之间存在权力不对等的关系；

4.欺凌行为是攻击性行为。

下面，我们将对以上这些关键概念做进一步的探讨，以确定欺凌行为究竟应该是怎样的。

欺凌行为不一定是重复发生的

早期关于欺凌的定义，强调欺凌行为是“重复发生的”或“持续存在的”。也就是说，早期关于欺凌的研究认为，如果对于一个人的某种消极行为只发生了一次或者几次，那么它的影响及危害就不会太大。或者说，相较于重复的、多次发生的对于一个人的消极行为，只发生了一次或者几次的消极行为的影响及危害都要小一些。然而，事实确实是这样吗？对于受害者来讲，被殴打、被拉扯头发、被孤立等只发生一次或几次，其危害比它们重复发生产生的危害要小一些吗？我们是这样认为的，对于一些人来说，这些行为所产生的影响和它们发生的次数没有关系，它们只要发生，就会导致伤害。这涉及一个非常关键的问题：谁才能真正评判欺凌行为的性质？这种评判的标准是受害者的感受。没错，真正可以做这种评判的人只有受害者本人。这一点我们在后面还会进行更详细的讨论。

Anthony Volk也曾对欺凌的定义中的“反复发生”的内容发表过自己的看法。他说，随着互联网的普及，网络欺凌越来越普遍。在网络欺凌中，只发生过一次的欺凌行为也可能给受害者造成极严重的负面影响。因此，他建议将欺凌的定义中的“重复发生或持续存在”的内容去掉。

欺凌行为不一定是欺凌者的故意行为

如果我们在欺凌行为的定义中判定欺凌行为应该是欺凌者的故意行为，或者欺凌者带有伤害他人意图的行为，这只是基于欺凌者的判断，而不是基于受害者的判断。如果我们机械地用“欺凌者是否具有伤害受害者的主观意图”“欺凌者是不是故意的”这两条标准来判断某一行为是不是欺凌行为，那么欺凌者就可以在事后这样辩驳：“我不是有意伤害某人的。”“我不知道我的行为伤害了那个人。”如果因为这样的标准，我们常见的一些行为，比如打人、推搡、性骚扰、打骚扰电话等，都被认为不是欺凌行为，那这些行为的性质又是什么呢？这些很明显具有负面影响力的行为难道就因为欺凌者的“非故意”而被我们视为非欺凌行为吗？“非故意”的行为就不会对受害者造成伤害，或者对受害者造成的伤害就一定不值一提吗？很明显，并不如此！

所以，我们呼吁，当我们判断某一具体行为是不是欺凌行为时，我们首先要做的是倾听受害者的声音，询问受害者的感受，而且要将受害者的感受作为绝对标准，并且是唯一标准。即使欺凌者本身的确没有伤害受害者的主观意愿，但这并不影响其行为的性质，更不会减小其行为对受害者造成的负面影响。当然，当我们考虑欺凌者的主观恶性时，我们应当考虑欺凌者的欺凌行为是有意行为还是无意行为。

权力不平等也不是绝对标准

在大多数欺凌情境中，欺凌者和受害者之间的确存在权力不平等的情况。通常，这种权力不平等在欺凌发生之前就已经存在，但有时这种权力不平等是由欺凌情境造成的。也就是说，欺凌既可能是权力不平等的原因，也可能是权力不平等的结果。所以，我们建议将这一标准从欺凌行为的概念中删除。

欺凌是发生在人际关系中的，这意味着它肯定发生在人与人的交往中。或者说，欺凌是基于某种关系而发生的，比如，它总是发生在同班同学或同校同学之间。在网络欺凌的情境中，也是如此。网络欺凌也基本不会发生在毫无关系的人之间。在网络欺凌中，至少有一方知道另一方是谁，或者至少有一方知道另一方说了或做了什么。这意味着欺凌发生之时欺凌者和受害者之间存在一种权力失衡，如欺凌者和受害者之间扭曲的社会交往。只要存在扭曲的社会交往，只要受害者在其中受了伤害，那就存在欺凌。欺凌者和受害者之间扭曲的关系或社会交往，是我们接下来讨论如何处理欺凌、如何帮受害者应对欺凌以及如何帮助欺凌者改变思想和行为的重要基础。

欺凌行为一定是带有攻击性的行为

所有的欺凌行为都具有某种意义上的攻击性。这里所讲的攻击不仅指对受害者身体上的攻击（如打、推、踢等），还包括针对受害者精神层面的攻击（如咒骂、起外号等），甚至包括其他类型的攻击行为。欺凌注定不是积极、友好、充满善意的行为。

通过以上论述，我们在本书中使用的欺凌行为的定义如下：

欺凌是指发生在扭曲的社会交往下的对他人有害的行为。

谁能判定一种行为是不是欺凌行为

▼

很多欺凌行为的性质是比较容易判断的。对于有些行为，每个人都可以非常确定地判断，这就是欺凌。不过，很多时候我们很难做出明确的判断。比如，当受害者说他受到了欺凌，但欺凌者予以否认，并声称“我只是在开玩笑”或“我不是真的想要伤害他”。其实，我们在前面提过这个问题。当我们很难判断某种行为是不是欺凌的时候，老师、家长、目击者或其他人是否应该成为那个做判断的人呢?

我们认为，当其他人而非受害者本人判断某种行为是否对受害者造成了伤害时，有可能带来不公平的结果。如果我们认为某种行为影响不够大、危害不够严重，不能视为欺凌，这对受害者来讲是不公平的。

同样的情境或行为对不同的人来说，影响是不同的。不同的人对同一件事的感受和看法可能是不同的。我们不在乎的事情不代表别人不在乎，反之亦然。

比如，我们可能都不想别人给我们起外号，尤其是带有负面暗示的外号，比如小猪、假小子等，因为我们会感觉到自己被对方作了负面评价，或是担心别人因此会轻视我们。但是，有一个外号对有的人来说并不是什么大事儿，他们甚至可能会觉得——“别人叫我什么无所谓，和我没什么关系。”然而，这并不表明，我们介意别人给我们起外号是我们的问题。毕竟，这就是我们真真切切的感受。也许，有人会劝我们：“别在乎别人怎么说，你看开一些。”我们真的能不在乎吗，真的能看得开吗？恐怕我们做不到，因为我们觉得这对我们很重要！

正因如此，我们认为：“唯一能判断一种行为是否应该被视为欺凌的人只能是受害者本人。”这意味着，当我们需要判断“某一行为是不是欺凌”时，我们一定要以受害者的感受为判断依据。

我们再来对比一下欺凌情境的判断和性骚扰情境的判断。不难想象，在性骚扰情境中，只有被骚扰的受害者本人才能确定他是否真的受到了性骚扰。有时，施害者声称他没有听到受害者说“不”，或者声称“我不是有意要违背他的意愿的”。然而，即使这样，如果受害者说他遭遇了性骚扰，我们也会相信他遭遇了性骚扰。

如果我们做判断的依据是施害者或欺凌者对于所发生的事情的主观判断，我们就将忽略情境本身对于受害者的影响。因此，我们首先要听受害者怎么说。

这样一来，欺凌行为的定义就变得更清晰了：

欺凌行为是指发生在扭曲的社会交往中的被接受方认为是有害于自己的行为。

不同种类的欺凌行为

▼

欺凌的方式有很多种，有的很明显，有的不太明显。

一般来讲，常见的欺凌行为主要有以下几种：

1.肢体欺凌，如打、踢等可能伤害他人身体的行为。

2.言语欺凌，如叫骂、起外号、散布谣言等。

3.社交欺凌，如忽视受害者、孤立受害者等。

4.网络欺凌，如在社交媒体传播有关受害者的虚假或负面的消息等。

5.性欺凌，如性侵、在社交媒体传播受害者的隐私照片、用有关性的语言攻击受害者等。

很多时候，一个欺凌情境可能包含多种类型的欺凌行为。你还记得本章开头那几个案例吗？我们再来分析一下。

案例一：

小瑞是一个8岁的男孩，正在上小学。他是独生子，家境很普通。他的父母每天都非常忙碌，周末也经常加班，他大多数时候都和爷爷奶奶生活在一起。

小瑞的爷爷奶奶十分宠爱他。小瑞长得高高大大，稍微有一些胖，比他大多数同学都要壮实一些。因此，有同学给小瑞起了个外号——“老猪”。平时，班里同学都这么叫小瑞，大家并不觉得这个名字有什么问题。毕竟，班里几乎每个同学都有外号。

可以说，这样的情况对小瑞这个年龄段的孩子来讲是非常普遍的。大多数孩子都不会因为自己有一个外号而烦恼，但是小瑞感觉不是很好。

慢慢地，小瑞对自己越来越没有信心。每当有人叫自己“老猪”时，小瑞都觉得自己好像真的和猪一样笨拙。

起外号这种欺凌行为属于言语欺凌。在我们身边，这种情况非常普遍。在上面这个案例中，我们可以看到，小瑞的大多数同学都有外号，但他们似乎并不在意。然而，小瑞非常在意。正像我们前面讲的那样，只有受害者本人才能判断某种行为是否属于欺凌。小瑞不喜欢被他人称为“老猪”。“老猪”这个外号让小瑞很不舒服，小瑞甚至因此变得十分自卑。所以，对小瑞来讲，这毫无疑问是一种欺凌行为。

给别人起外号是一种非常常见的言语欺凌。面对这种情况，很多老师、家长并没有意识到这一点，他们甚至可能认为这是同学之间在“玩笑”或“调侃”。我们认为，这是不正确的。当受害者感觉到不舒服时，相应的施害行为就应该停止。如果老师、家长没有意识到这一问题的严重性，不仅会让受害者感觉到不公平，甚至可能加重他们受伤的感觉。受害者可能因此感觉到强大的无力感，因为没有人支持他们去改变现状。

案例二：

静静是一个13岁的女孩，正在上初中，她平时和妈妈生活在一起。静静很小的时候，她的父母就离婚了。现在，静静已经不太记得爸爸的样子了。

因为要赚钱养家，静静的妈妈每天都在非常辛苦地工作，没有太多时间照顾静静。可以这么说，静静的爸爸妈妈很少出现在学校。静静的同班同学都因此嘲笑静静，说她是没有爸爸妈妈的孩子。有时，同学们还会在班上公开讨论这件事。有的同学甚至问静静："你的妈妈是不是性工作者？我们都知道她每天很晚才下班。"

一次，静静在班级微信群里看到一张图片。那是一张用电脑合成的图片，图片中的女子看上去十分妖娆，而头像正是静静的妈妈。图片上还有一行不堪入目的文字。静静十分生气，但也没有什么办法。静静想，过几天大家都忘了这张图片也就没事了。

然而，静静没有想到的是，接下来的几天，她发现班级微信群里有人以上次那张图片为基础合成了好多表情包，并在聊天的间隙不停地往群里发。很多同学以此为契机不断地调侃静静和她的妈妈。更有同学将这些表情包放在了其他社交媒体上。

静静郁闷极了，但又不知道怎么办，甚至不知道找谁倾诉。

这是一个典型的有关网络欺凌的案例。近年来，我们发现类似事件在青少年群体中非常常见。这提醒我们，有时欺凌可能发生在老师、家长的视线之外。孩子正在使用的社交媒体，老师、家长大多时候并不清楚。在常用的社交媒体平台，比如微信，孩子们并不会让老师、家长加入他们建的群。当欺凌发生之后，受害者又可能因为各种各样的原因不会第一时间把一切告诉家长或老师。这样的欺凌虽然不是发生在现实生活中，却同样可能给孩子带来严重的、长期的伤害。

案例三：

小宇是一个16岁的高中生，他非常聪明，在学校学习也很用功，但从小学开始，他就觉得自己和班级里别的男生不太一样。比如，大多数男同学都喜欢踢足球、打篮球，他们还经常大吵大闹，互相推搡，甚至有肢体冲突，而这些小宇都不喜欢。

上小学的时候，小宇经常和班里的女生一起玩，很多女生也很喜欢跟他玩。然而，小宇上了初中之后，班上的很多女孩子并不喜欢和小宇一起玩。小宇上了高中之后，这一点更明显了。

小宇周围的男生注意到小宇和他们不一样后，便开始叫他“娘娘腔”，这让小宇感觉很尴尬。小宇觉得没有人理解自己，感觉很孤独。慢慢地，班里的一些女孩也经常对着小宇指指点点、窃窃私语。小宇每次走进教室，都会引来同学们的嘲笑。

小宇感觉自己不会被任何人接纳，这让他非常难过。

小宇经历的欺凌属于典型的性欺凌。一般来讲，性欺凌是指受害者由于在性（别）取向方面和大多数人不同而受到的欺凌。

需要特别说明的是，所谓的性（别）取向一般包括性别认同、性别表达、性倾向三个层面的内容。

性别认同指的是一个人如何定义自己的性别，或者说，一个人认为自己是什么性别的人。性别认同是一种主观感受，所以性别认同与生理性别不一定是一致的。比如，一个人明确知道自己的生理性别是男性，但他从心理感受上认为自己并不是男性。

性别表达指的是一个人通过自己的行为、着装和举止表达自己的性别特质。性别表达一般来讲源于个人感受和需求，但更多情况下是一种个人选择。比如，一个女孩不喜欢穿裙子，但她会考虑外界的评价和影响，最终决定是坚持自己的想法，还是做出妥协。

性倾向指的是一个人从情感上和身体上会被什么性别的人吸引。简单来说，被同性吸引就是同性恋，被异性吸引就是异性恋，既可以被同性吸引也可以被异性吸引就是双性恋。但在现实生活中，个体的相关感受可能不是这么绝对的。关于性欺凌，我们在后面的章节还会进行更为详细的探讨。

通常，在性欺凌的情境中，我们往往会发现，很多人对于性别的多样性是不了解的，相当一部分性欺凌的发生源于这种情况。

在上面的案例中，同学们可能觉得小宇这样的同学是不正常的，因为他们和大多数人不一样。有人甚至会对这些看起来与大多数人不一样的人的外表或行为感觉到某种程度的不舒服。我们发现，学校若能开展一些有关性与性别多样性的课程，倡导对于多元的尊重，可有效地减少这一类欺凌的发生。而在家庭教育中，家长适当地与孩子探讨关于性、性别多样性、性多元的知识，也是非常有必要的。在本书后面的相关章节，我们会更为详细地和大家探讨与性欺凌相关的内容。

案例四：

琪琪今年5岁，她从小生活在一个小村子里。为了生计，琪琪的爸爸妈妈带着她离开农村到城里打工。琪琪来到新的幼儿园之后，别的小朋友都不想和她一起玩，他们说她不仅身上有一股怪味儿，而且每天都穿一样的衣服和鞋子。有的小朋友甚至不想和琪琪坐在一起。

琪琪感觉非常难过、伤心，不知道该怎么办，后来干脆不想再去幼儿园了。不仅如此，已经很久没有尿床的琪琪又开始尿床了。

琪琪的妈妈非常生气，但她并不知道琪琪身上到底发生了什么。

琪琪遭遇的是典型的社交欺凌。社交欺凌也是目前在学校里非常常见的一种欺凌。我们发现，一旦一个孩子和班级里大多数孩子有明显不同的家庭背景或外在表现，这个孩子就很容易成为欺凌的对象。在琪琪的身上，我们不难看出社交欺凌在心理层面带给她的负面影响。年幼的琪琪很难完全讲清楚自己的经历和感受，而妈妈的不理解则会加重孩子的负面感受，让问题更难解决。

很多教师在我们的培训中分享了自己亲眼所见的校园欺凌事件。

下面，我们列举几个。这可以帮助我们进一步了解校园欺凌的现状。

案例一：

正在读小学五年级的小刚，相比他的同学要健壮一些。从小刚很小的时候起，他父母的关系就不是很和谐。长期以来，小刚一直是父母不良情绪的宣泄口，老师经常在小刚的身上看到瘀青甚至伤口。

在学校里，小刚常常有意地挑起与同学的矛盾，有时与同学争吵，有时甚至会与同学发生更激烈的争执、打斗。由于小刚身体健壮，在争吵与打斗中，他几乎每次都能占上风。久而久之，他成了学校里横行霸道的小霸王。

很多老师都觉得，小刚这种咄咄逼人、极具侵略性的性格无可救药。

案例二：

我是一名班主任，我管理的是一个初二年级的班级。有一段时间，我发现班里的很多男生经常玩一个与性有关的游戏：几个男生把一个男生抬起来，让他两腿叉开，用其裆部去撞树或柱子。很明显，有的男生并不想被这样对待，但是出于同伴压力不得不忍气吞声。在我看来，这样做可能会让被抬起来的人受伤。而在他们看来，这表示他们“关系很好”，我相信很多人都无法认同这一点。

案例三：

上初中后开始住校的小红是一名喜欢中性打扮的女生，她的一个室友非常不喜欢她的这种打扮风格，甚至说她“变态”，并联合宿舍其他同学排挤她。在这种情况下，小红和这个室友发生过很多次冲突。

有一天晚上，这个室友带着几个女同学将正在洗漱的小红堵在宿舍里，并以女生之间不存在隐私为借口强迫小红在她们面前洗屁股。

小红拒绝了她们的要求，她们便要殴打小红。小红害怕极了，不得不在她们面前洗屁股。

这个室友在这之后经常得意地说：“看吧，变态也可以当好女生的。”

这次经历给小红的身心造成了很大的负面影响。此后，小红常常逃课，完全没有心情学习，甚至出现了抑郁的症状。

“欺凌行为”与“开玩笑”的区别

▼

在不同的文化中，研究者对“欺凌行为”和“开玩笑”有着不同的讨论。那么，它们之间有什么明显的区别吗？

美国心理学家Dachner Keltner曾对“开玩笑”进行过研究。他发现，如果接受者意识到了给予者给出的特定的“信号”（双方是有一定共识的），开玩笑就只是好玩的，而且对双方都有益处。这样的信号在不同的文化背景下可能有所不同，具体包括眨眼、微笑、特殊的声音、特殊的面部表情等。如果接受者无法辨别或识别这样的信号，他可能就会感觉自己受到了伤害，那么“开玩笑”就成了欺凌。

值得注意的是，患有自闭症、阿斯伯格综合征等在精神上存在某种障碍的人，无法掌握社交技能，基本上很难识别人们在“开玩笑”时使用的社交信号。同时，也有一些普通人相比其他人对社交信号更为敏感。

Dachner Keltner在研究中还发现，亚洲人相比西方人更不容易把别人的某种言行理解为“开玩笑”，这和人们所处的文化背景有关。他认为，亚洲儿童相比欧美儿童更容易受到老师、家长的批评，因此更容易把别人的表达理解为对自己的评价或批评，而不是“开玩笑”。

也有研究者提出，在亚洲文化中，人们通常认为批评是有好处的，因为它能使人进步。

我们认为，只要“开玩笑”不是发生在公共场合，而且接受者认为这是没有问题的，那么它就是无害的，就不算欺凌；而在公共场合发生的所谓的“开玩笑”，很多时候可能会让接受者感觉到尴尬或很受伤，从而成为欺凌。

什么样的孩子更容易被欺凌或成为欺凌者

▼

我们在前面讨论欺凌事件时曾经提到，具有某些特点的孩子更容易成为欺凌事件的受害者。下面，我们从心理学的视角进一步探讨这种现象。

有些孩子相比其他孩子更容易被人欺凌，或更容易成为欺凌者。在后面的章节中，我们会详细探讨易受欺凌的孩子的人格特质。作为家长，我们首先必须明确，人格特质是可以改变的，这和我们以前的认知可能有所不同。其实，我们的大多数人格特质，都是我们人生最初十几年在与特定环境的互动中习得的。这就意味着我们可以通过家庭教育或者家长与孩子的互动模式，改变或塑造孩子的人格特质。这一点我们在后面的章节还会详细论述。

研究显示，在绝大多数校园欺凌事件中，受害者都有一个明显的特征，那就是他们与主流群体（大多数人）有一定差异。这种差异可能是体形上的，比如明显比同龄人高、胖、矮、瘦等；可能是个人喜好上的，比如对其他人都很感兴趣的运动、玩具、游戏、流行歌曲等没有表现出相同的兴趣；也可能是其他方面的，比如头发或眼睛的颜色和其他人不同、爱穿不同款式的衣服或鞋子等。

除了在外表、行为、个人喜好、性（别）取向、学习成绩、语言等方面与其他人存在差异之外，许多受害者是缺乏社交技能的。一个孩子看起来和别人不太一样，又不具备基本的社交技能，更容易受到欺凌。缺乏基本的社交技能也是我们在欺凌者身上经常看到的。当然，这种缺乏社交技能的具体情况在欺凌者和受害者身上表现得不太一样。欺凌者缺乏的社交技能更多地集中在缺乏共情能力上。受害者一般是具备共情能力的，但他们常常缺乏处理人际关系的社交技能，比如对同学经常说的流行词语缺乏了解、不具备表达幽默的方法、在性别表达方面和大多数人不一致、不能用恰当的方式坚定地表达自己的感受和想法、不知道怎么和同龄人互动等。

在斯堪的纳维亚进行的一项大型研究表明，欺凌事件的受害者和欺凌者都会表现出一些特定的特征。受害者一般来讲是相对比较焦虑的孩子，他们缺乏自尊、自信，经常单独行动。这些都是可能引起他人反感的特征。某些孩子想通过欺凌行为来彰显自己更有权力、更强大时，更倾向于选择这样的孩子作为他们欺凌的对象。同时，欺凌者大多是很有主见的孩子，他们对于自己行为的反思能力较差，在群体中通常不是很好的合作者。另外，欺凌者通常缺乏良好的共情能力。

那些表现出和抑郁相关行为的孩子，或经常出现应激症状（比如头痛、胃痛等）的孩子，也更容易成为欺凌事件的受害者。这是非常不幸的，因为欺凌本身很可能加重这些症状，从而让孩子的状态变得更差。这样的孩子往往严重缺乏社交技能。社交技能的缺乏会加重他们在群体中的孤独感，导致他们在群体中越来越孤独。

美国加利福尼亚州立大学的研究人员对过去30多年来

的153项研究进行总结后发现，男孩比女孩更容易成为欺凌者，欺凌事件中的欺凌者和受害者相对都缺乏社会问题的解决能力。另外，学习成绩很糟糕的孩子更可能成为欺凌者。

研究人员之一Cook说："一个典型的欺凌者很难与他人共同面对和解决问题，在学习上也会有诸多困难。这样的孩子通常比较消极，他们成长的家庭环境往往是充满冲突的。他们总是消极地看待学校，并以消极的方式影响同龄人。"

Cook同时提到："一个典型的受害者很可能具有攻击性，但缺乏社交技能，常以消极的方式思考问题，在解决社会问题时通常会遇到困难，常被同龄人排斥和孤立。"

总之，几乎所有的研究都显示，不管是欺凌者还是受害者，在人格特质方面都有一个相同点，那就是缺乏基本的社交技能。社交技能的缺乏可能表现在共情能力上，也可能表现在人际交往能力上。我们在前面提到，人格特质的很多方面并不是天生的，而是后天从环境中习得的，尤其是在幼年时通过与家庭成员的互动建立起来的。孩子在很小的时候就会模仿父母或其他同龄人的行为应对各种问题，以及通过外界环境对自己的评价来了解自己和自己的行为。

如果一个孩子从家庭中得到的解决人与人之间各种问题的示范是大声争吵和打斗时，那么他长大后也会使用这样的方法解决问题。这很容易理解，孩子看到身边的人都是这么做的，他可能会认为这是正确的处理问题的方式，因此也会这么做。

一个孩子如果不断地从周围环境得到“因为你太丑（或太胖、太瘦等），所以你交不到好朋友”这样的暗示，那么他很容易产生自卑感，认为自己不值得别人喜欢。一个孩子如果总是听到其他同龄人说他肤色太黑、鼻子太大、考试成绩太差等，他可能会认为自己和别人不一样（在消极层面上）。对于大多数孩子来说，和其他人一样才是一种更理想的状态。缺乏安全感、缺乏自尊、缺乏自信的孩子，开始学校生活后，会时常处于焦虑中，认为自己不行、不好，很难学会和运用适当的社交技能应对来自周遭环境的负面评价。

在本书中，我们会在这一点上帮助家长找到更多的应对方法。比如，在第六章我们会详细探讨，家长应该如何通过各种方式帮助孩子建立自尊、自信，并掌握必要的社交技能。

家长作业

试着了解孩子理解的欺凌是怎样的

1.与孩子讨论我们在本章讲到的不同类型的欺凌行为，并问问孩子，这些欺凌行为在他的学校或班级是否发生过。

2.请孩子对过去一周学校、班级的总体情况打分，并让他回忆一下，过去一周学校或班级是否发生过类似我们讲到的欺凌行为。

3.问问你的孩子，他是否能识别出学校或班级里的典型的（潜在的）欺凌者和受害者，以及他认为欺凌者和受害者分别具有什么样的行为特点或人格特质。

第三章

如何发现孩子遭遇了欺凌

孩子可能遭遇了校园欺凌的信号

▼

在日常生活中，我们所看到的被各种媒体报道出来的校园欺凌事件，往往都是极为恶性的，而且我们通常能够在受害者身上找到非常明显的遭遇了欺凌的迹象，比如受到了极为严重的身体或精神伤害。压垮骆驼的，从来不是放在它身上的最后一根稻草。校园欺凌发展为极端恶性事件，绝不是一蹴而就的。如果能够在校园欺凌刚发生的时候，就及时地干预和制止，我们或许能阻止许多悲剧的发生。

细心的家长一般都能够通过各种迹象发现自己的孩子

遭遇了校园欺凌，但遗憾的是，很多家长并没有掌握这种“观察”能力。

我们来看看发生在小明身上的事。

小明今年11岁，正在读小学四年级。最近，小明妈妈发现小明经常买笔。小明的解释是作业太多了，所以笔消耗得很快。然而，异常的情况不止这一点。小明妈妈还发现，小明的眼镜经常变形，常常没法好好地架在他的鼻梁上，已经被拿到眼镜店修了好多次。这一切让小明妈妈觉得非常奇怪。她开始时以为之所以会有这样的情况发生是因为孩子不够爱惜东西，因此她每天嘱咐小明要爱惜自己使用的东西，但她的嘱咐并没有什么效果。

这样的情况持续了一段时间之后，在一个周一的早上，小明突然发起了高烧，并且呕吐不止。这吓坏了小明的爸爸妈妈，他们急忙带小明去了儿童医院。然而，经过一系列检查，医生并没有发现小明有什么问题，只是建议小明在家里好好休息一天。说来奇怪，回到家里后，小明的烧退了，其他症状也减轻了不少。

从那之后，小明的爸爸妈妈多了个心眼，每天都会密切观察小明的情况。很快，他们发现小明夜间的睡眠非常差，有时还会因为做噩梦喊出声来。他们还发现小明每天回到家后都是一副心事重重的样子，和他以前每天都兴高采烈的样子截然不同。吃饭时，小明也不像往常一样和爸爸妈妈讲学校里发生的事情了。小明期末考试的成绩也下滑了不少。

小明的爸爸妈妈非常担心小明，却不知道该怎么办，因为他们完全不清楚自己的孩子身上到底发生了什么。

如果曾经阅读过《福尔摩斯探案集》，你肯定会对福尔摩斯惊人的观察能力与推理能力印象深刻。其实，观察孩子有没有受到欺凌，并不需要我们像职业侦探一样拥有超乎常人的观察力。我们只需在日常生活中多与孩子交流、沟通，多留意一下他们每天的生活细节，就一定能发现很多蛛丝马迹。

根据现有经验，我们发现，遭遇了校园欺凌的孩子可能出现以下一些情况。当然，这些情况并不能说明孩子一定遭遇了欺凌。但是，如果孩子出现了这些情况，家长一定要高度警觉，因为这至少说明孩子身上出现了一些问题。

信号一：身上常有无法解释的创伤

如果发现孩子身上任何地方出现了红肿、瘀青、伤口甚至更严重的情况，一定要搞清楚这些伤是怎么来的。当然，很多时候，这些伤可能只是源于意外。但如果孩子面对你的询问时哑口无言或是支支吾吾，你可能需要通过其他途径搞清楚这些伤的成因。有时候，孩子身上的伤可能不是那么容易被发现，比如后背、胸口等部位的伤，这就需要家长对孩子有更为仔细的观察和了解。比如，如果孩子之前喜欢双肩背书包，忽然改为单肩背书包，可能有两个原因：一是他长大了，喜欢用这样的方式来扮酷；二是他的肩膀或后背有伤，单肩背包是为了避开受伤的部位。

信号二：衣物、书本、文具、电子产品、配饰等经常损坏或丢失

一般来讲，孩子每天去上学时都会穿统一的校服，使用统一的教材。我们常常能看到一些孩子在自己的校服和书本上涂鸦，以此释放自己的创造力和彰显个性。然而，有的时候孩子无处安放的“创造力”也会让他们在受害者的衣物或教材上“涂鸦”。此外，在校园欺凌中，常见的情况是，受害者的书本、文具、书包等都可能遭到恶意破坏。因此，如果孩子的衣物、书本、文具、电子产品、配饰等经常损坏或丢失，家长要想办法弄清楚：这到底是因为孩子本身是一个“破坏大王”，还是他遭遇了欺凌。

信号三：常有身体不适，频繁头痛、胃痛或经常假装生病

当面临巨大的精神压力时，我们可能出现肌肉紧张的状况，我们的身体可能分泌让我们感到不适的物质。具体而言，我们可能会出现头痛、胃痛、关节痛等状况，甚

至可能出现发热、抽动等人体在应激状态下才会出现的症状。如果在学校里遭遇了欺凌，很多孩子会因此背负巨大的精神压力，从而出现相关症状。精神压力引发的身体上的症状通常通过医学手段找不到原因。有经验的医生遇到这种状况时，会邀请精神科医生加入会诊，一同讨论病情。

当然，并不是所有不明原因的病痛或症状，都代表孩子在学校遭受了欺凌。孩子面临其他挑战时，比如学业上的压力、来自父母的压力等，也可能出现上述状况。无论如何，孩子如果有了上述情况，一般都是在提示我们，他正在承受一定的精神压力。这种情况下，家长应该提高警惕，要帮助孩子找到缓解压力的方法。否则，长期如此，会对孩子的心理健康造成非常负面的影响。

信号四：饮食习惯或别的生活习惯突然发生了改变

比如，孩子某天说不想吃饭、孩子的食量发生了明显的改变等。

对于某些家庭来说，孩子食量的改变可能是一件好事，因为有些家长觉得孩子太胖了，需要减体重，或者觉得孩子太瘦了，需要多吃一点。殊不知，孩子的饮食情况之所以突然发生明显的改变，有可能是因为他正在遭受欺凌或者背负着其他的精神压力，以致自己的食欲受到了影响。有的孩子晚上回家后吃得很少甚至不吃晚餐，这一方面有可能是因为他们正在承受的压力影响了食欲，另一方面有可能是因为他们害怕吃饭时爸爸妈妈询问白天在学校里发生的事情。当然，还有一种可能，那就是他们因为自己的身材在学校遭遇了欺凌，因此想通过极端的节食行为来改变这种状况。

与此相反，有的孩子会突然出现暴饮暴食的情况。究其原因，通常有两种可能：一是孩子找不到有效的办法应对压力时，会通过吃来让自己感觉好一些；二是因为某种原因孩子在学校没有吃午饭，所以晚饭时要多吃一些。孩子没有吃午饭的原因，可能是他想避免与欺凌者在漫长的午休时间共处，可能是他的午餐被人抢走了，可能是在学校承受了太大的精神压力所以无法正常进食，等等。所以，如果发现孩子的饮食情况发生明显改变时，即便这是符合我们的期待的，也要及时搞清楚孩子身上是否发生了什么事情。

信号五：经常失眠或做噩梦

抑郁、焦虑等不健康的精神状态会明显地影响人的睡眠质量，如增加入睡难度、影响睡眠稳定性等。在稳定性不佳的睡眠中，孩子会频繁做梦（大多数是噩梦），并且非常容易因为一些声响或是噩梦而醒来。所以，如果发现孩子晚上辗转难眠，或是早上精神状态很差，我们需要考虑他是否正在面对校园欺凌带来的压力。当然，即使孩子没有遇到校园欺凌，如果他的睡眠状况很差，我们也要十分重视。无论什么原因引发的睡眠问题，都会影响孩子的身体健康和心理健康。如果找不到孩子睡眠质量差的原因，可以寻求心理咨询师或医生的帮助。

信号六：成绩下滑、学习兴趣下降甚至经常逃学

安全、和谐的校园环境为什么很重要呢？因为只有在这样的环境中，孩子才能够安心学习。绝大多数孩子在学

习上都有能力取得不错的成绩，前提是他们热爱并能认真对待学习。校园欺凌最容易影响孩子学习。若孩子每天都在担心自己的安全，担心自己是否会被欺负，他一定非常焦虑，根本不可能集中注意力好好学习。

信号七：突然与好朋友断交或是极力回避社交场合

每个孩子回到家里可能都会或多或少地提及自己的好朋友，比如他们在学校是如何相处的、他们之间发生了什么有趣的事情、他们最近有什么计划等。如果经常和孩子聊天，我们每天都能获得很多这样的信息。如果有一天我们突然发现，孩子不再提及自己的好朋友，或是原本常和孩子一起玩的同学很久不见踪影，这很有可能是他们的交往出了问题。失去好朋友的原因可以有很多，而校园欺凌是其中的一种。在欺凌发生时，欺凌者可能会要求一些人（尤其是受害者的朋友）加入欺凌者的队伍中，或是对受害者的朋友实施威胁、辱骂、暴力等行为。这可能导致孩子的朋友离开他。无论孩子的朋友是出于自保回避他们的关系，还是被迫（也可能是自愿）加入了欺凌者的队伍，他们的友谊都告一段落了。这可能使孩子对社交产生恐惧心理，继而产生刻意回避的行为。这可能会形成一个恶性循环：欺凌导致不想社交，不想社交导致被孤立，被孤立导致更多欺凌。

信号八：自尊心受伤、感觉很无助

在日常生活中，每个人的自尊心都会因为周边发生的与自己有关的事而发生变化。身边发生了积极的事情，得到积极的评价，我们的自尊心就会提升；碰到了消极的事情，被负面的评价缠身，我们的自尊心就会受伤。校园欺凌对于受害者来说很明显是消极的事，因此会导致受害者自尊心受伤。缺乏自尊的人对自己的评价是负面的，他们自我价值感较低，不愿意和人交往，这会导致非常严重的问题。

自尊心与欺凌之间也很容易形成恶性循环，而感到无助是这一循环可能的原因或结果。此处提到的无助，是指个体无法在自己所处环境中寻求帮助。有些无助可能是低自尊导致的。比如，孩子认为自己没有价值，即使求助也不会有人帮助自己。还有一些无助是缺乏社交技能导致的。比如，孩子没有学会怎么求助，没有靠自己的力量成功寻求到帮助的经验，那他就会表现出一些和无助有关的行为。举个例子，大扫除的时候需要帮助时，正常情况下孩子会招呼别人过来帮忙，但缺乏社交技能的孩子可能会因为不知道怎么开口跟别人说，而选择一个人艰难地行动。当孩子表现出这样一些和无助有关的行为时，他更容易因此受到欺凌。

信号九：有自我伤害的行为

当孩子离家出走或有自残的行为时，有些家长难以理解，非常愤怒，甚至会严厉地批评孩子。但这样的做法显然对孩子没有任何帮助，反而有可能让相关情况变得更糟。

我们的建议是，当家长遇到这样的情况时，要设身处地地站在孩子的角度思考他们为什么要这样做。孩子不会无缘无故地做出这样的行为，通常在非常无助时、面临着无法应对的压力时、有着无法排解的强烈的负面情绪时，才会选择这样的方式以让自己感觉舒服一些。所以，孩子出现这样的行为时，实际上是在向家长释放求救信号。我们需要在理解孩子的基础上，平和地和孩子交流，甚至借助专业人士的力量，寻找解决问题的办法。

当孩子有了自杀的念头，甚至已经实施过自杀的行为时，我们一定要寻求心理医生或精神科医生的帮助。自杀的念头和行为会对孩子的生命安全造成很大的威胁。我们遇到的大多数情况是，自杀的想法通常不是只出现一次。有些家长认为，当孩子向大人保证他不会再自杀了，他就安全了，但我们经常遇到的情况是，有些时候当孩子出现自杀的念头时可能完全无法控制自己。所以，遇到这样的情况，家长务必求助专业人士，专业人士会通过与孩子的深层次交流来评估可能存在的风险。

如何发现孩子遭遇欺凌的信号

▼

读了前面的内容，有的家长可能会觉得发现孩子遭遇欺凌的信号并不容易，甚至会对自己是否能胜任这一工作持怀疑态度。其实，这个工作并不难，我们可以在日常生活中轻松完成。

通常，只要对孩子多一些关注，和孩子多一些交流，并且具备帮助孩子远离校园欺凌的意识，我们就可以发现那些不太正常的信号。这其实也是为人父母的我们在孩子成年前应尽的基本责任之一。在这样一个高速发展的时代，很多家长每天都要面对巨大的工作压力，从而可能忽略孩子的一些异常与需求。其实，和孩子沟通的难度往往是我们臆想出来的。如果我们真的能放低姿态和孩子进行有效的、积极的沟通，我们就会发现和孩子沟通其实并不难，也不会花费太多时间。当我们真的这么做的时候，我们不仅能够发现孩子的异常，还能更高效地找到应对校园欺凌的方法。更重要的是，这可以帮助我们建立良好的亲子沟通模式，让我们和孩子之间的亲子关系更融洽。

下面，我们介绍几个亲子沟通技巧，广大家长可以参照使用。

1.每天晚上睡觉前和孩子谈谈心。可以坐在孩子的床上，和他一起回顾一下他当天的生活，尤其要让他敞开心扉谈一谈当天遭遇的不愉快的经历。

2.每隔一两个星期和孩子来一个特别的“约会”。可以和他一起做一些事情，比如看电影、逛街、购物、看画展等，任何你们喜欢的事情都可以。

3.每天晚上一家人一起吃晚餐。有些人认为家人一起吃饭不重要，谁饿了可以先吃。有些人喜欢边看电视或手机边吃饭。其实，晚餐时间不仅仅是用来吃饭的，更是一个难得的一家人在一起交流的机会。大家一起坐在餐桌前，聊聊当天的经历、感受，这既是沟通的好时机，也是培养一家人亲密感的好方法。

发现孩子遭遇了欺凌，我们怎么办

▼

如果发现孩子遭到了欺凌，我们应该怎么办呢？可以按照下面的步骤来处理。

步骤一：先和孩子好好聊聊他受了欺凌这件事

和孩子聊这件事时，不要太着急。要用孩子能够接受的方式慢慢推进，不要一上来就让孩子意识到你认为他受到了欺凌。比如，有的家长可能会直接问：“我看到你肩上有伤口，你是不是被同学欺负了？”这样的直接询问，或者类似的直接指出孩子受到了欺凌的表达，可能让孩子非常不舒服。在受了欺凌这件事上，孩子之所以没有告诉我们，之所以保持沉默，肯定是有原因的，可能是他还没有准备好如何去面对，可能是他还不知道怎么告诉我们，也可能是他有其他原因。无论如何，家长突然挑明会让孩子很不舒服，在情绪上无法接受，从而可能导致沟通无法继续，甚至可能给孩子造成更大的压力。所以，开始时一定要小心谨慎。我们可以从相对中性的问题开始。

步骤二：共情孩子的感受

一旦孩子承认自己被欺负了，我们首先要做的是安慰他。不要生气，不要失望，要去共情孩子的感受。现实生活中，很多家长遇到孩子被欺负的情况，会陷入自己的情绪里，比如会非常愤怒，想要去惩罚那个欺负人的孩子，会责备自己的孩子为什么没有保护好自己、为什么被欺负还不说出来等。这样做实际上忽略了孩子的感受和需求。不管什么时候，在面对孩子的问题时，我们一定要明白，在当下最重要的是共情孩子的感受，尽量满足孩子的需求。

步骤三：问问孩子需要什么帮助

就像我们在上面说的一样，很多家长开始时倾向于从自己的角度帮助孩子解决问题，实际上这忽略了孩子真正的需求。所以，不要一下子说出我们的解决方案，而是先让孩子想一想，他想要怎么解决当前的事情，他是否需要我们的帮助。

步骤四：支持孩子自己寻找解决方案

当孩子找到解决方案的时候，我们要不断地和他交流："你再好好想一想，这样真的可以解决问题吗？""没有用？好的，让我们坐下来再想一个更好的解决方案。"我们一定要时刻记住，我们要做的不单是帮助孩子处理当下的事情。我们还要有长远考虑，我们需要培养孩子独立解决问题和应对压力的能力。

步骤五：孩子需要帮助时，家长再出面

孩子需要家长出面解决问题时，我们再出面。如果我们没有和孩子进行任何沟通，根本不征求孩子的意见就到学校找欺凌者解决问题，可能会让孩子觉得非常不舒服，甚至可能让他背负更大压力。在大多数情况下，孩子在处理欺凌事件时，会考虑后续影响，因为他之后还要继续在当下的环境与同学相处。如果家长不顾及孩子的需求和担忧，一味采取自认为正确的方式强势地解决问题，会让孩子背负更大的压力，甚至可能招致新的欺凌。

家长作业

你是怎么处理校园欺凌的

1.你的孩子曾经遭遇过校园欺凌吗？你是怎么解决的？你的解决方式合理吗？

2.如果孩子未来遭遇了校园欺凌，你打算怎么解决？

第四章

什么样的孩子更容易被欺凌

更容易遭遇校园欺凌的孩子的特质

▼

下面是14岁男孩于洋的讲述。

在我上小学的时候，有一次我们班来了一个新同学——一个男生。我们班同学大多是南方人，但他的口音告诉我们他是典型的北方人。他个子很高，看上去很友善。他做自我介绍的时候，很多同学因为他的口音嘲笑他。他很紧张，低着头，不停地拉扯衣服的下摆。慢慢地，他讲不下去了，但那些同学对他的嘲笑并没有停止，他们甚至开始评论他的穿着、长相和口音。这让他更加难堪了。我明显感觉到了他的不知所措。

可惜的是，老师并没有制止那些同学。我也没有做什么，我没有勇气去制止那些同学，或是帮这个新同学说句话。我只是默默旁观了这一切，并且为他感到难过。

现在，我一想起这件事，就觉得很对不起他。

这看上去是一件稀松平常的小事，但很可能是一个校园欺凌事件。

在本书第二章，我们讲过，在一些相关的研究中，研究者发现常遭受欺凌的孩子通常有一些明显的特质。在这一章，我们将进一步和大家探讨这些特质，并着重探讨它们会给孩子的成长带来怎样的负面影响。

特质一：偏离同伴规范

几乎所有孩子都希望自己和大多数人一样，所以一旦发现自己在某些方面和大多数人有差异时，他们便会有强烈的动机——通过调整自身来和大多数人保持一致。一般到了18岁以后，大多数人才会形成自我认同，觉得自己有足够的力量坚持做自己，依据自己的想法做事。在这之前，孩子需要不断地通过外界对自己的评价来形成自我认同。孩子在很小的时候就明白，如果想要获得别人的正面评价，就必须和大多数人保持一致，这样才能被身边的人接受。

孩子在6岁之前，基本上只关注父母和直系家庭成员对他们的评价。也就是说，在6岁之前，孩子主要希望得到父母和家人的接受和认可。但6岁以后，孩子会越来越多地关注同龄人。孩子的同龄人，也就是孩子的同学、朋友等，会成为孩子生活中非常重要的规则制定者。这时，同龄人对孩子的看法和评价，对孩子来讲是非常重要的。

对于大多数12岁以后的孩子来说，同龄人对他们的评价甚至比父母对他们的评价更重要。这意味着，6岁以后被同龄人接受和认可是孩子生活中一个非常重要的目标。当不被接受和认可时他们可能会遭受嘲笑、孤立、忽视，甚至成为被欺凌的对象。

无论出于什么原因，如果一个孩子的行为偏离同伴群体设定的规范，他知道自己会经历和面对什么。如果孩子无法应对这些，他就会有被排斥的感受。这种被排斥的感受是大多数人产生抑郁情绪和孤独感的主要原因。

接下来，我们解释一下上文提到的“同伴群体设定的规范”。所谓同伴群体设定的规范，指的是基于当下大多数人都这样想或这样做或者都认为应该这样想或这样做而形成的不成文的规范。当然，这样的规范很多时候并没有明确的、科学的依据。

比如，在一个班级里，同龄男孩的身高大多在160厘米左右，那么身高为150厘米或是170厘米的男孩，可能会被认为不符合同伴群体规范。

再比如，一个班级里的男孩都喜欢踢足球，那么他们可能会达成某种共识——“踢足球是我们这个年龄的男孩应该做的事”。这种情况下，如果有男孩非常讨厌踢足球，那么他们可能会被认为偏离了同伴规范，甚至会被认为不正常。总之，对于绝大多数中小学阶段的孩子来讲，常常偏离同伴规范很有可能招致校园欺凌。然而，即使是这样，我们还是要在教育中引导孩子科学理解同伴规范。我们要让孩子明白，每个个体都是独特的，都有属于自己的体型、想法、感受、喜好等，都应该得到尊重。

特质二：缺乏社交技能

在本文开头的案例中，那个男生因为在某些方面与班上大多数孩子不同而遭受了嘲笑甚至言语欺凌。这种情况其实很常见。

当孩子进入一个新的同龄人群体后，在真正被接纳之前，他必然要接受各种挑战和各种考验。孩子在面对考验和挑战时会做出怎样的反应，十分重要。如果想要顺利通过这种考验，孩子需要具备一些必要的社交技能。虽然偏离同伴规范是孩子遭遇欺凌的一大原因，比如孩子的外表、穿着、行为方式等和大多数人不一样，但我们越来越发现，社交技能的缺乏恐怕才是孩子遭遇欺凌的首位原因。

社交技能在社会交往中非常重要。在孩子长大成人之后，社交技能好与坏将会影响他在职场上与同事或其他合作伙伴的相处，从而影响其职业发展。当一个孩子有了强大的人际交往能力，他更容易和他人进行顺畅且有效的沟通，能够交到朋友，能够保护自己，让自己不受欺凌。可以说，如果我们都能重视并且愿意付出努力提高自己的社交技能，那么我们在生活的方方面面都会有所获益。

那么，我们所说的社交技能到底指什么呢？所谓社交技能，是指那些能够让我们与他人进行令彼此都满意的互动技能。比如，在本文开头于洋的回忆中，令人满意的互动是指那个转学来的男孩因为自己的口音或衣着而招来同学的嘲笑时，知道如何通过积极的回应来改变自己的窘境，而不是默默承受一切。这种积极的回应和互动可以是一个那些同学都能够接受的笑话，可以是一个善意的手势，也可以是对同学接纳的态度，但一定要展现自信。社交技能可以是话语，可以是非语言信息，也可以是为人处世的态度。

其实，每个人在与他人交往时，都或多或少地会使用社交技能。社交技能好的人就是我们常说的情商高的人。社交技能好的人能够及时共情与他交往的人的感受和需求，并能够做出让所有人都满意的回应。当然，这种令人满意的回应有别于单纯的讨好，是建立在自尊、自信的基础上的，他们不会委屈自己，又能令他人满意。

所有的孩子都可以也必须通过学习发展自己的社交技能。没有人天生就有超强的社交能力。孩子也需要成人的帮助来发展正确的、被社会所接受的、恰当的社交技能。关于家长如何做才能真正帮到孩子，我们在本书第六章会详细讨论。而在这里我们要强调的是，在刚出生的几年里，孩子是通过观察父母的社交行为、与他人的互动来学习社交技能的；到了7岁以后，孩子觉得同龄人越来越重要，他的同学、朋友就成了他学习的榜样。

相关研究表明，社交技能好的孩子在日常生活中抗压能力较强，朋友较多，更容易成为班级里受欢迎的人，更能感受到幸福感，从而能够保护好自己，几乎不可能遭遇欺凌。否则的话，孩子更有可能成为欺凌事件的受害者。

那么，孩子需要具备哪些社交技能呢？具体如下。

一、良好的沟通技巧

沟通能力强的人都能够以有效和友好的方式与他人沟通，并能在这个过程中表现出自信和对他人的信任。有效的沟通是双方都愿意表达和倾听的沟通。在日常生活中，有的人在沟通时常常给对方负面的评价，甚至指责对方，从而让沟通陷入一种剑拔弩张的情境中，这可能直接导致沟通失败。

二、善于解决冲突的能力

善于解决冲突是指能够以令当事双（多）方都满意的方式解决冲突。这样的人不惧怕冲突，当冲突出现时，愿意用沟通、协商等和平的方式解决。在日常生活中，很多人面对冲突时常常选择逃避，或是急于判断究竟谁对谁错，这都不利于解决冲突。

三、能积极倾听的态度

能积极倾听的人在和他人交流时，能够密切关注对方。这能够让对方感受到被尊重、被理解，从而更有和我们沟通的意愿。要让对方感觉到被关注，需要在和对方沟通时保持必要的眼神交流，并且展示积极的身体语言。在日常生活中，在听别人讲话时，有人喜欢插话，有人经常走神，这都会让对方很快丧失表达的欲望，从而停止对话。

四、很好的共情能力

共情能力是指识别和理解他人的需求和感受的能力。共情能力是建立和维护人际关系的重要保证。在第八章，我们会详细讨论共情能力在保护孩子免受欺凌方面的作用。

五、能理解社会规则的重要性

孩子在成长过程中会慢慢了解，不同的场合（比如家庭、学校、班级等），有不同的规则，并且能够理解特定场合特定规则的重要性。孩子理解了这些，就能更好地去遵守规则。有些时候，有些规则会让孩子觉得不舒服，但因为具备一定的社交技能，为了保持和谐的人际关系，他仍会遵守规则。

特质三：缺乏自信

在研究和实践中，我们发现，与自信的孩子相比，缺乏自信以及安全感不足的孩子更容易受到欺凌。

孩子的自信基本上是在他刚出生的头几年建立起来的，之后在他慢慢长大的过程中会继续发展。孩子缺乏自信的原因往往是在成长过程中获得的关于自己的负面信息多于正面信息，或者说得到的批评多于肯定。

在成长过程中，孩子首先通过与家长的互动了解自己，建立自我意象。自我意象是指在自我中形成的有关自己的表象或想象，具体包括对自己的外表、能力、价值、目标、潜能等的评价。而后，孩子的同龄人和老师会对孩子已经树立起的自信起或积极或消极的作用。到了青春期，孩子会通过社交来互相比较，这通常会对他们的自我意象产生负面影响。比如，孩子在社交媒体看到女性的“美”是明星所展示的白、瘦、身材好、小脸、大眼睛等时，便很容易根据这样的标准来要求自己，从而产生自卑感。

那些在观念或行为上偏离同伴规范的孩子，更难培养出自信，因为对儿童和青少年来说，感觉自己与他人不同通常会带来非常负面的影响。

缺乏自信的孩子在社交场合通常很难做到自我坚定。自我坚定是指能够冷静地坚持自己的观点，维护自己的权益。也就是说，自我坚定的人既不具有攻击性，不会损害其他人的利益；也不会轻易服从他人，放弃自己的立场。自我坚定的人十分自信，但并不自以为是。这意味着一个人有勇气为自己抗争，能坦诚、清晰地表达自己的想法和感受，同时也能尊重别人的想法、感受和价值观。一定程度的自我坚定可以帮助孩子在欺凌情境中保护好自己。

缺乏自信的孩子，往往比较害羞，常常单独行动。我们在前面讨论过，合作是一项非常重要的社交技能，它有助于孩子交到朋友。那些害羞或喜欢单独行动的孩子，在遭受欺凌时，会发现没有人可以为他们提供保护和支持。另外，不太自信的孩子往往对自己有更多的负面暗示，因此当别人欺凌他们时，他们可能认为自己不值得尊重，应该被欺凌。这种态度是一种非常危险的态度。

特质四：缺乏合作的能力

合作能力其实也是一种社交技能，我们之所以将它单独拿出来讨论，是因为我们观察到，有些孩子虽然具备了足够的社交技能，但仍然缺乏与他人合作的能力，从而可能欺凌他人或被他人欺凌。这一点在独生子女身上表现得尤为明显。可以与他人有效地合作、一起完成一件事，其实在孩子很小的时候就十分可行。合作能力，尤其是与同龄人合作的能力，是孩子在进入学校之前就可以学会的，而这种学习大多是在与同龄人的交往中完成的。

合作的技能是指与他人一同工作的技能。人类从来不喜欢独立生活，而喜欢群居。现在，无论在学校里还是社会上，我们都在不断强调团队协作能力的重要性。合作能力包含很多方面的能力。能合作意味着能够沟通、能够共情、能够倾听他人的意见、能够很好地处理积极和消极的情绪、能够做决定、能够服从一定的安排等。

对许多独生子女来说，学习与同龄人相处和合作往往是在幼儿园或小学阶段开始的，因为他们在此前的成长过程中很少有机会长期接触同龄人。而对于许多非独生子女来说，他们大多有年龄差不多的兄弟姐妹，学习合作在他们年龄还很小的时候就开始了。

另外，孩子在家庭中没有兄弟姐妹，也很难有机会通过互动来发展重要的社会能力。社会能力是指孩子在学校、家庭和社会生活中，有自尊、自知、自信，懂得自我管理，具有社会意识和管理人际关系的技能，能理解与包容他人，能对他人产生情感共鸣，能建立积极、健康、和谐的人际关系，能解决问题和做负责任的决定，有良好的道德品质，能合理应对成长过程中的各种挑战。

孩子在人生头三四年缺乏与同龄人一起发展这些技能的机会，进入学校后将很难和同龄人和谐相处。而在别的场合，他们身边都是已经掌握了成年人该有的社交技能的大人。成年人和孩子互动时，往往会采用一种“成年人对待孩子的方式”。成年人和孩子的互动与孩子之间的互动是完全不同的。

孩子3岁以内社会能力的发展对每个孩子来说都是非常重要的。因此，我们应该尽量为每个孩子创造和同龄人互动的机会。如果我们的家庭是独生子女家庭，我们要尽可能为孩子找一些与同龄孩子互动的机会，比如，多创造机会让孩子和同龄的邻居家的孩子一起玩。

不具备合作能力的孩子，在家庭、幼儿园和学前班从未学习过合作技能的孩子，缺乏社会能力的孩子，无疑缺乏在不安全环境中生存的重要技能。他们独自面对社会时，面临不确定性和不安全因素时，往往很难保护好自己，更容易受到欺凌。

在这里，我们还要特别说明的是，更容易成为欺凌者的孩子，往往也缺乏这种重要的能力。

特质五：精神问题

如果孩子长期生活在一个有问题的家庭，比如父母或其他家人经常争吵、有家人存在一定的精神或心理问题、常常遭受身体或精神上的虐待等，那么孩子将承受很大的精神、心理压力。常见的肢体虐待包括殴打、推搡、拒绝给孩子吃东西、强迫孩子做极端劳动、性虐待等。常见的精神虐待包括忽视孩子、羞辱孩子、不给予孩子积极的关注、对孩子大喊大叫、直接告诉孩子或者暗示孩子他是多余的等。

当孩子的精神、心理压力持续得不到缓解时，孩子血液中的皮质醇激素会大量积累。这些激素会使孩子感到焦虑、抑郁、不开心。即便这样的孩子在白天能够逃离不安定的家庭环境，比如他们白天会离开家去上学，但他们的负面情绪也不会消失，依然没有安全感。如果学校也存在不安全因素，那么孩子就会表现出更严重的焦虑、压抑。这样一来，他们就很容易受到欺凌。

善于应对校园欺凌的孩子是什么样的

▼

一个能够很好地应对欺凌的孩子，应该具备哪些特征呢？如何教出一个不会轻易被人欺凌的孩子呢？

我们从研究和实践中看到，在大多数情况下，不易被欺凌的孩子具有一些共同特征，但在具体的、不同的欺凌情境中，这些特征的组合是不太一样的。

总的来说，我们看到的是，不易被欺凌的孩子通常都是十分自信的孩子，他们的社会能力很强，尤其是人际交往能力和合作能力非常突出。这些孩子在学校里通常很受欢迎，能够交到朋友，尤其是关系很紧密的好朋友。同时，他们对自己以及学校很满意。他们的成绩不好也不坏，大多为平均水平。即便他们的成绩很好或者很差，他们也不会因此受到太大的影响。他们一般都很友好、善良，知道如何处理失望、嫉妒等负面情绪。他们在情感上富有智慧，也有很好的共情能力。简而言之，他们的情绪是平稳的。即使这些孩子由于各种原因有偏离主流的观点或行为，他们在情绪上也有足够的能力去应对这种偏离引发的各种非议，并能够在遭受欺凌的情况下及时进行自救和改善现状。

但是，我们要注意，如果孩子所处的学校或班级有相关不安全因素，想要远离欺凌并不容易。

那么，什么样的校园环境或者班级环境是不安全的呢？我们举几个例子。

如果一个班级的孩子都用唯一的或很高的标准要求每一个人，比如大家都要穿名牌衣服，显然这不是所有孩子都能做到的，并不是一个合理的要求，那么有些孩子就会感到很焦虑。

再比如，在一个班级，某几个孩子极具影响力，他们说的话就是至高无上的命令，他们可以决定在班级里谁是可以被接纳的、谁是应该被排斥的，那么这个环境中的孩子就可能很容易缺乏安全感。

在这类十分不安全的校园或班级里，即使情绪平稳的孩子，也可能出现情绪问题，也可能会受到伤害。

所以，当我们讨论校园欺凌时，我们要考虑的绝不仅仅是如何培养孩子不轻易受到欺凌的人格特质和社交技能。更重要的是，我们要帮助孩子构建一个积极、安全、友善的校园环境和班级环境。

一方面，我们要重视培养孩子本身的能力，而对于缺乏自信或偏离主流的孩子，我们要通过构建良好环境来保护他们。这也是越来越多的学校发起“校园欺凌零容忍”倡议的原因。我们在后面会和大家讨论如何从家长的角度为建设安全校园环境出一份力。

为了让孩子免受校园欺凌，或者能够更好地应对校园欺凌，家长可以做的事情有很多。家长可以鼓励、帮助和支持孩子养成我们上面提到的不易遭受欺凌的个体特征。

记住，孩子的个性不是固定的，不是不可改变的。一个人的人格特质是可以改变的。一个人人格中的某些方面在一生中有很多改变和发展的机会。对孩子来讲也是如此，这取决于孩子成长的环境和家长给予的支持。父母对孩子人格特质的发展有着巨大的影响。

遗憾的是，很多家长并没有完全意识到这一点。这是我们希望通过本书告诉大家的。我们想让所有父母都明白，我们究竟需要做些什么才能让孩子成为一个情绪平稳的人，从而使他面对欺凌的时候有能力应对。

为了做到这一点，父母需要反思自己的行为和对待孩子的态度，同时也要反思自己对待伴侣和其他家庭成员的态度。

我们将在下一章讨论不同的教养方式以及这些教养方式对孩子心理、人格发展的影响。希望广大家长通过反思自己的教养方式找到更清晰的努力方向。

家长作业

你家孩子的性格特质是怎样的

通过下面的问卷，家长可以对孩子的性格特征有一个简单的评估。这项测试适用于6岁以上的儿童。

序号	问题	是	否
1	你的孩子有（至少一个）好朋友吗？	1	0
2	你的孩子有幽默感（会开玩笑）吗？	1	0
3	你的孩子经常害羞吗？	0	1
4	你的孩子是否经常为突发情况感到焦虑？	0	1
5	当你的孩子犯了错，他会不会有压力？	0	1
6	你是否认为你的孩子在某些方面非常特殊？比如，你的孩子在智力、行为、观念、喜好等方面与大多数孩子不同。	0	1
7	你的孩子是否常为自己感到骄傲？他能列出至少三件关于自己的积极的事情吗？	1	0
8	当家人或好朋友感到痛苦或抑郁时，你的孩子能共情吗？	1	0
9	你的孩子能和陌生的同龄孩子交流吗？	1	0
10	你的孩子在解决问题方面是否表现得很积极（面对问题时不会感到沮丧，而是会努力寻找解决方案）？	1	0
11	你的孩子能用语言描述自己的情绪（情感）吗？	1	0
12	你的孩子是否能注意到其他孩子或他人的感受？	1	0
13	当你的孩子想要某个东西却不能立即得到时，他是否会表现出紧张的行为？	0	1
14	你的孩子在和同龄人玩的时候，是否很难融入他们？	0	1

续表

序号	问题	是	否
15	在和同伴一起玩耍的时候，你的孩子是否常常充当领导的角色？	1	0
16	在和同伴玩时，你的孩子是否常表现出善良的行为（比如对别人笑、用温柔的声音和别人沟通、帮助别人、支持别人、说积极的话等）？	1	0
17	你的孩子是否长期生活在一个稳定的家庭（比如家庭氛围和谐、没有大量的争吵等）？	1	0
18	如果家里出现了不稳定的情况（暂时的或长期的），你的孩子能不能用积极的方式应对？	1	0
19	你的孩子是否至少有一个他可以信任和寻求帮助的人？	1	0
20	你的孩子是否明白某些社会规则（即使他不喜欢，他也能遵守）？	1	0

本测试总分为20分。

如果你的孩子得分为18～20分，那么你的孩子基本上处于情绪平稳的状态。他大概率能够以一种令人满意的方式应对校园欺凌。

如果你的孩子得分为12～17分，那么你的孩子正在发展良好的社会情感能力。但是，他仍然需要帮助，他仍然有可能受到欺凌。

如果你的孩子得分为12分以下，那么你的孩子需要你或专业人士的全面关注，仍应进一步发展社会情感能力。

第五章

家庭教养方式与孩子人格发展

家庭教养方式影响孩子人格发展

▼

我们还是从一个案例开始。

现在是早上7点，张丽和9岁的儿子小强需要赶紧出门。张丽要赶着去上班，而在去上班的路上，她要先送小强去学校。

每天早上，张丽都十分忙碌，必须把一切安排好，才能避免儿子和自己迟到。这让张丽很辛苦。张丽感觉压力很大，每天早上她都感觉自己的时间不够用。

这会儿，张丽正在检查出门要带的东西，她边检查边抬头看了一眼儿子小强，小强坐在椅子上玩手机，看上去一点也不着急。

张丽一下就爆发了，冲着儿子喊道：“你还磨蹭，怎么一点也不知道着急。你再不快点，咱俩都得迟到！”

实际上，小强并不想去上学，因为每天早上妈妈把他送到校门口时，总有一群小男孩在那里等着他，他们会朝他大笑，还会骂他。

“妈妈，我不想去学校。我有点难受，我头疼，肚子也疼。我今天真的上不了学了。”

张丽很担心小强，但她没有办法留在家里照顾他，也来不及找自己的父母来帮忙。她很紧张，却没有办法，只得对小强说：“快来穿鞋吧！我们现在就得走了。你根本就没生病。你是大男孩了，坚强一点！”

小强觉得很难过，在穿鞋子的时候，他感觉眼泪在眼眶里打转。一方面，小强觉得妈妈快要迟到了，这都是他的错；另一方面，小强觉得妈妈根本不理解他内心的想法。

在上一章，我们讲过什么样的孩子不容易被欺凌，或者能够很好地应对欺凌，这样的孩子具备的人格特质并不是天生的。人格是孩子在与环境的互动中形成和发展起来的。当然，每个人出生时天生有一个基本的人格框架。这个基本的人格框架是我们从父母身上继承来的。但这个人格框架的哪些方面会继续发展，哪些方面不会发展，则取决于我们所生活的后天环境，取决于我们与环境的互动。

在孩子出生后的前6年，父母是影响孩子人格发展最重要的因素。并且，父母对孩子的影响至少会持续到孩子进入青春期。在这之后，孩子会在与他人的互动中对自己的人格特质和行为方式进行反思，比如哪部分人格特质应得到更多的发展、哪些需要调整和改变等。

父母每天在做的很多事情都会影响孩子，让孩子形成不易受欺凌或易受欺凌的特质，但令人遗憾的是，大多数父母并没有意识到自己的行为会对孩子的人格发展产生如此巨大的影响。

我们在这一章将会和广大家长朋友详细讨论不同的家庭教养方式对孩子人格发展可能产生的影响。

传统的家庭教养方式

▼

很多学者都对家庭教养方式以及其对孩子个性发展的影响做过深入研究。美国心理学家Diana Baumrind博士将常见的家庭教养方式分为三种。

专制型教养方式（太严厉）

专制型父母的特点是对孩子的要求非常高，但对孩子的回应非常少，也就是很少和孩子交流。专制型父母是刻板的、严厉的、苛刻的。虐待孩子的父母通常属于这一类型。然而，Diana Baumrind强调，并不是所有专制型父母都对孩子有虐待行为。

放任型教养方式（溺爱）

这种教养方式的特点是父母对孩子要求不高，但非常注意对孩子的回应，也就是和孩子的互动交流比较多。放任型父母对孩子提出的需求常常做出过度的反应，会想方设法满足孩子，并且很少和孩子建立彼此必须遵守的规则。“被宠坏了”的孩子的家长常用的教养方式就是放任型教养方式。

支持型教养方式（恰到好处）

采用这种教养方式的父母对孩子要求很高，他们能够给予孩子积极的回应，也就是和孩子的互动很好。支持型父母的教养态度是坚定的，但并不刻板，他们强调规则，但愿意在必要时做出让步。支持型父母对孩子的需求能及时作出回应，但并不会一味地满足、放纵孩子。Diana Baumrind博士明确表示，支持型教养方式是恰到好处的教养方式，更有利于孩子成长。

更现代的家庭教养方式

▼

直到现在，Diana Baumrind关于家庭教养方式的研究结果在儿童心理学界仍被广泛采纳。但随着研究的深入，人们又总结出了更多的教养方式。

下面，我们一起来看一下心理学家从众多研究中总结出来的更多的家庭教养方式。

我们可以一边阅读下面的内容一边反思自己的教养方式。也许，你会发现有一些家庭教养模式是你经常使用的，或者是你的父母曾经或正在使用的。

以孩子为中心的教养方式

这是心理学家Sally Blythe和David Daniel倡导的一种家庭教养方式。这种教养方式强调孩子的真实需求和个体特质。有研究表明，以孩子为中心的教养方式常常很难按照预想的方式进行下去，失败的概率很高，而且这种教养方式容易培养出“唯我独尊”的孩子。

积极养育型教养方式

这种教养方式和前文所述的支持型教养方式十分相似。基于这种教养方式，孩子的发展跟父母的支持和期望基本是一致的。

自恋型教养方式

自恋型父母是指十分自恋或深受自恋型人格障碍影响的父母。自恋的人极端关注自我，有强烈的自我崇拜的需求。通常情况下，自恋型父母对子女有强烈的占有欲。随着孩子的独立性与日俱增，自恋型父母常常感到威胁，甚至会嫉妒孩子。这样的父母会有意无意地认为，孩子的存在是为了满足父母的愿望和需要。

鼓励型教养方式

在这种教养模式下，孩子会在父母的保护下探索周围的环境。这种教养方式倾向鼓励和支持孩子，并为孩子提供发展的机会，有助于培养孩子优良的性格特质。基于这样的教养方式，孩子的自我意象、社交技能和学业都会得到良好的发展，而这些都会极大地影响孩子，有利于孩子成长为一个成熟、快乐、各方面能力十分均衡的成年人。

过度养育型教养方式

有些父母会参与到孩子生活的方方面面，试图解决孩子会面对的所有问题，从而扼杀了孩子独立思考、行动和解决问题的能力。这样的父母也被称为“直升机父母”，因为他们就像直升机一样一直在孩子的天空盘旋，在孩子头顶密切监视孩子的一举一动，随时准备解救孩子于水深火热之中。这样的父母对孩子的经历和问题极为关注，并试图帮助孩子清除他可能面临的一切障碍。现代通信技术的发展更是为这一类型的父母提供了更多便利。他们可以通过手机定位、远程监控等各种方式控制孩子的生活、学习以及交友状况。

无情控制型教养方式

这种教养方式缺乏温情和关爱（父母对孩子的关爱水平低），同时存在过度的控制（如父母对孩子的批评、干扰）。研究发现，这种教养方式常常与孩子的焦虑、不良生活态度和信念以及低自尊呈正相关。同时，有证据表明，父母的无情控制与儿童的自杀行为呈正相关。

简单养育型教养方式

采用这种教养方式的家长很少为孩子做计划和安排，而是倾向于让孩子享受童年，按照自己的节奏探索世界。

这样的父母会限制孩子使用电子产品，会让孩子多玩简单的玩具，在家庭中会对孩子进行充分的陪伴，允许和支持孩子发展自己的兴趣爱好。这样的教养方式有利于孩子成长为一个更加独立的个体。更重要的是，这样的父母允许孩子自己做决定。

“有毒”的教养方式

在这种教养模式中，父母对孩子缺乏真正的养育行为，父母和孩子之间存在着“有毒”的关系。所谓的“有毒”，指的是父母和孩子之间存在超出亲子关系的亲密或虐待。

这样的教养模式不利于孩子形成很好的自我认同。这样的教养模式的主要特点是完全忽视孩子的需求。在这种教养方式中，有时会出现虐待行为。

遭受过“有毒”父母毒害的成年人，大多无法识别自己身上出现的“有毒”行为。也就是说，“有毒”父母的孩子在成长过程中会受到伤害，并可能将这些伤害传递给自己的孩子。

“有毒”父母的行为包括消极的思维方式、对孩子过于挑剔、用内疚感来控制孩子等。

海豚式教养方式与老虎式教养方式

精神病学家Shimi Kang和专注于研究幸福的学者Shawn Achor用“海豚式育儿”这个词来形容一种被认为与海豚的天性十分相似的育儿方式。海豚式育儿方式主张让孩子自发地行动起来，甚至主张用奖励的方法鼓励孩子行动，主动去做事情，主动学习各种生存技能。在这种养育方式下成长起来的孩子爱玩、善于交际且十分聪明。

有学者将这种方式与老虎式育儿方式做了对比。“老虎式”父母常严格要求孩子，甚至强迫孩子做很多事情，致使孩子无法按照自己的节奏和方式发展自己，从而导致孩子自尊心受挫，缺乏社会能力。

情绪管理训练型家长

▼

在介绍了学术界总结出的各种家庭教养方式后，下面我们重点介绍一种家庭教养方式——情绪管理训练型教养方式。这一教养方式由心理学家John Gottman提出，以Daniel Goleman著名的情商理论为基础。这种特殊的家庭教养方式与上面提到的几种教养方式有很多相似性，比如积极养育型教养方式、以孩子为中心的教养方式、鼓励型教养方式、海豚式教养方式等。以上提到的这几种家庭教养方式都有一些相同的特点。我们相信，这样的教养方式能够支持孩子发展出必要的社会能力，能够使他们在儿童期和成年后成为一个情绪平稳的人，从而让他们能够保护好自己，免于欺凌事件的伤害。

在John Gottman倡导的家庭教养模式中，他将家长分为忽视型、压抑型、放任型和情绪管理训练型四种，并分别详细描述了不同类型家长的特点和对孩子的影响。

忽视型家长

忽视型家长的特点：

1.对孩子的情绪不够重视，认为它无足轻重；

2.不接受孩子的情绪，或完全忽略孩子的情绪；

3.希望孩子的消极情绪快速消失；

4.认为孩子的消极情绪源于孩子的无理取闹；

5.完全忽视孩子的感受和导致孩子某种情绪的事件；

6.从不和孩子一起解决问题，认为时间能解决大多数问题。

忽视型家长的教养方式对孩子的影响：在忽视型家长的教养方式下长大的孩子，总认为自己的感受是错误的、不恰当的、不值得被认可的。孩子甚至会认为，因为自己存在某种问题，所以才会有种种不好的感受。长期如此，孩子不可能学会调整自己的情绪。

压抑型家长

压抑型家长的特点：

1.有很多类似忽视型家长的行为表现，并且有过之而无不及；

2.常因为孩子有负面情绪而批评、指责孩子；

3.常强迫孩子遵守某些行为规则；

4.认为消极情绪不应该表达出来；

5.认为消极情绪只会让人变得软弱；

6.认为消极情绪是毫无益处的。

压抑型家长的教养方式对孩子的影响：在压抑型家长的教养方式下长大的孩子同样认为自己的感受是错误的、不恰当的、不值得被认可的。他们也认为，因为自己存在某种问题，所以才会有种种不好的感受。他们注定不会管理自己的情绪。

放任型家长

放任型家长的特点：

1.完全接受孩子所有的情绪表达；

2.对孩子的行为几乎不提供任何指导；

3.不限制孩子；

4.认为当消极情绪出现的时候，除了接受没有什么可做的；

5.不帮助孩子解决问题；

6.认为只要把消极情绪发泄出来，就万事大吉了。

放任型家长的教养方式对孩子的影响：在放任型家长的教养方式下长大的孩子同样学不会科学管理自己的情绪。他们很难集中注意力，也很难与他人建立友谊，甚至连普通的相处都很难做到。

情绪管理训练型家长

情绪管理训练型家长的特点：

1.能完全接纳孩子的消极情绪；

2.能够觉察并懂得管理自己的情绪；

3.能把孩子的消极情绪看作教育孩子的契机；

4.不会取笑或忽视孩子的消极情绪；

5.不会告诉孩子他应该怎么想、怎么做；

6.会主动帮孩子应对负面情绪，比如倾听孩子，共情孩子，用充满温情的话语和孩子沟通，帮孩子说出他正在感受的情绪，指导孩子调节情绪，帮孩子确定行为界限，教给孩子什么是恰当的情绪表达方式，教给孩子解决各种问题的技巧等。

情绪管理训练型家长的教养方式对孩子的影响：在情绪管理训练型家长的教养方式下长大的孩子更加信任自己，能够主动调节自己的情绪，善于解决问题，有更高的自尊，能与他人很好地相处。

我们非常推荐情绪管理训练型教养方式，因为这样的教养方式可以加强家长对孩子的支持，能够增强孩子抵御各种形式的欺凌的能力。

在下一章，我们将详细讲解情绪管理训练型教养方式的具体操作方法。

家长作业

你是哪种类型的父母

你知道自己是哪种类型的父母吗？John Gottman开发了一个测试系统，我们可以通过它来看看自己是哪种类型的父母。

请仔细阅读下表中的每一个观点，如果你认可请选择“T”（正确），否则请选择“F”（错误）。在完成测试后，请根据最后的计分方式看看自己是哪种类型的父母。

1.孩子真的没什么好伤心的。	T	F
2.在我看来，愤怒只要在可控范围之内，就是正常的。	T	F
3.孩子有时之所以表现得很伤心，是因为他想让大人为此感到内疚。	T	F
4.当孩子生气时，他需要冷静一下。	T	F
5.当孩子难过时，他的样子真像在耍赖。	T	F
6.当孩子遇到困难时，我认为要尽快帮他解决困难。	T	F
7.在生活中，我真的没时间伤心。	T	F
8.愤怒是一种危险的状态。	T	F

续表

9.如果忽略孩子的悲伤，它就会自动消失。	T	F
10.愤怒，往往意味着挑衅。	T	F
11.孩子表现得很难过，是为了让事情按照他期待的那样发展。	T	F
12.在我看来，只要懂得控制，悲伤是可以接受的。	T	F
13.悲伤是一种需要释放的情绪，而不是供人栖息的港湾。	T	F
14.我不介意处理孩子的悲伤，只要别占用太多时间。	T	F
15.如果必须在一个情绪化的孩子和一个无忧无虑的孩子之间做选择的话，我会选择后者。	T	F
16.当孩子难过时，解决问题的机会就来了。	T	F
17.我会帮孩子快速摆脱悲伤，让他把注意力转移到好的事物上。	T	F
18.孩子悲伤时，并不是教导孩子的好时机。	T	F
19.孩子伤心时，说明他把生活中负面的事情想得太严重了。	T	F
20.当孩子生气时，他真像个被惯坏的孩子。	T	F
21.即使孩子十分愤怒，我也要给他划定行为界限。	T	F
22.当孩子难过时，他是想以此吸引大人的注意。	T	F
23.孩子的愤怒肯定是有原因的，值得我们去刨根问底。	T	F
24.孩子的愤怒，基本上源于他对生活缺乏了解和他的不成熟。	T	F
25.我会试着帮孩子把生气的感觉转变为快乐的感觉。	T	F

续表

26.每个人都应该把自己感受到的愤怒表达出来。	T	F
27.当孩子难过时，拉近我们之间距离的机会来了。	T	F
28.对孩子来说，真的没有什么事值得他们生气。	T	F
29.当孩子难过时，我会试着帮他弄明白究竟是什么让他难过。	T	F
30.当孩子难过时，我会让他知道，我理解他。	T	F
31.我希望孩子经历悲伤。	T	F
32.一定要弄明白孩子为什么难过，这很重要。	T	F
33.童年应该是无忧无虑的，不应该充满悲伤和愤怒。	T	F
34.当孩子难过时，我会坐下来，和他聊聊他的感受。	T	F
35.当孩子难过时，我会帮他弄明白，为什么他会有这种情绪。	T	F
36.孩子生气时，我认为这是可以增进我们之间的亲密度的好机会。	T	F
37.孩子生气时，我会花一些时间共情他的感受。	T	F
38.我想让孩子体验愤怒。	T	F
39.我认为，适当地体验愤怒，对孩子来说很有好处。	T	F
40.一定要找到孩子生气的原因，这很重要。	T	F
41.当孩子难过时，我会警告他别养成这样的坏习惯。	T	F
42.当孩子难过时，我担心他日后会形成消极的性格。	T	F
43.关于悲伤，我没什么能教给孩子。	T	F
44.关于悲伤，我如果有什么能教给孩子的话，那就是他完全可以表达出来。	T	F

续表

45.对于悲伤，我不觉得我能改变它。	T	F
46.对于一个伤心的孩子而言，除了给他安慰，我别无选择。	T	F
47.当孩子难过时，我会告诉他，无论如何我将永远爱他。	T	F
48.当孩子难过时，我不太清楚他想让我做什么。	T	F
49.关于愤怒，我没有什么可以教给孩子。	T	F
50.关于愤怒，我如果有什么可以教给孩子的话，那就是他完全可以表达出来。	T	F
51.当孩子愤怒时，我会试着理解他的心情。	T	F
52.当孩子生气时，我会告诉他，在任何情况下我都爱他。	T	F
53.当孩子生气时，我不太清楚他想让我做什么。	T	F
54.孩子脾气很差，对此我很担心。	T	F
55.在我看来，孩子表达愤怒是不对的。	T	F
56.愤怒的人，都是容易失控的人。	T	F
57.孩子若常表达愤怒，就会习惯乱发脾气。	T	F
58.孩子愤怒是为了让自己的需求得到满足。	T	F
59.当孩子愤怒时，我很担心他会做出破格的事情。	T	F
60.如果我允许孩子发脾气，他可能会养成为所欲为的坏习惯。	T	F
61.常常表达愤怒的孩子，是不值得被人尊重的。	T	F
62.当孩子愤怒时，他的样子很有趣。	T	F

续表

63.愤怒总能影响我们的判断，让我们做出出格的事情。	T	F
64.当孩子愤怒时，解决问题的机会就来了。	T	F
65.当孩子愤怒时，我会体罚他。	T	F
66.当孩子愤怒时，我的目标是让他尽快化解愤怒。	T	F
67.对于孩子的愤怒，我觉得没什么大不了的。	T	F
68.当孩子愤怒时，我常常不太把这当回事。	T	F
69.每当我愤怒时，我都感觉自己要爆炸了。	T	F
70.愤怒不会带来任何好处。	T	F
71.当孩子表达愤怒时，他很兴奋。	T	F
72.孩子的愤怒情绪值得重视。	T	F
73.孩子有愤怒的权利。	T	F
74.当孩子生气时，我会想办法弄清楚他为什么生气。	T	F
75.一定要帮助孩子找出他愤怒的原因，这很重要。	T	F
76.当孩子对我发起攻击时，我总是无视。	T	F
77.当孩子愤怒时，我总是在想：“他要是懂得忍耐就好了。”	T	F
78.当孩子愤怒时，我总是在想：“他为什么不懂得接受现实呢？”	T	F
79.我希望孩子能够表达愤怒，说出自己的想法。	T	F
80.对于孩子的悲伤，我不太当回事。	T	F
81.当孩子愤怒时，我希望了解他的想法。	T	F

计分方式和结果解读如下。

一、忽视型

在1、2、6、7、9、12、13、14、15、17、18、19、24、25、28、33、43、62、66、67、68、76、77、78、80这些观点中，你认可（T）的有多少个？请用这个数字除以25，得到的数字就是你忽视型方式的得分。

二、压抑型

在3、4、5、8、10、11、20、21、22、41、42、54、55、56、57、58、59、60、61、63、65、69、70这些观点中，你认可（T）的有多少个？请用这个数字除以23，得到的数字就是你压抑型方式的得分。

三、放任型

在26、44、45、46、47、48、49、50、52、53这些观点中，你认可（T）的有多少个？请用这个数字除以10，得到的数字就是你放任型方式的得分。

四、情绪管理训练型

在16、23、27、29、30、31、32、34、35、36、37、38、39、40、51、64、71、72、73、74、75、79、81这些观点中，你认可（T）的有多少

个？请用这个数字除以23，得到的数字就是你情绪管理训练型方式的得分。

你哪一项得分最高，你便是哪种类型的父母。

第六章

如何让孩子远离校园欺凌

支持孩子成长为一个情绪稳定的人

▼

在前面，我们详细阐述了支持孩子发展社会能力的重要性。我们一再强调，教会孩子必要的社交技能是帮助孩子抵御欺凌最有效的方法。另外，我们也曾讲过，具备某些特点的孩子往往能够更好地应对欺凌甚至远离欺凌。比如，具备社交能力并且情绪稳定的孩子。这样的孩子有良好的沟通技巧，有积极的合作意识，待人友善，有能力处理自己的负面情绪，因此能更好地应对欺凌甚至可以远离欺凌。

那么，如何才能让孩子具备这些特点呢？

下面，我们来谈谈如何支持孩子成长为一个情绪稳定且具备基本社交技能的人。后面，我们还会具体告诉大家，孩子是如何从父母那里习得基本社交技能的。如果我们能够做到这些，孩子将拥有足够的社交技能和较高的自尊水平，即使孩子在某些方面和大多数人不一样（偏离了同伴规范），也不太可能成为被欺凌的对象。

我们将以亲子沟通的案例为基础来做相关分析，以便大家更好地理解家长到底应该怎么做。

案例一：

小娴今年7岁，正在上小学。小娴看上去比大多数同龄女孩都要小一些，而且她是一个十分内向的女孩，她觉得自己在学校里很难交到朋友。

班里很多女生都有各自的朋友圈子，她们常常三五成群地聚在一起聊天、玩耍，却对小娴视而不见。

每到课间，老师都会号召大家到操场上活动一下。每每这时，小娴都是一个人站在操场旁边静静地看着同学们快乐地玩耍、奔跑。每当老师叫大家回教室继续上课的时候，小娴都很开心，因为这样一来她就又可以认真地看书、听课了，不用再考虑如何与同学相处。

这一天，放学的时候，妈妈来接小娴，发现她坐在校门口的一个角落，情绪不太好。妈妈走到小娴旁边，拍拍她的肩膀问："你今天过得怎么样呀？"

小娴抬起头看着妈妈说道："还行吧。"

"那你为什么看起来不开心呀？"

小娴低着头说："我在班上没有朋友，没人和我玩。"

"哦……"妈妈回答说，"你不用为这个伤心！你以后会有朋友的，一切都会好的。我们回家吧，咱们一起做饭。"

妈妈的劝解并没有让小娴感觉好一些。相反，她感觉自己更难过了。

在这个案例中，小娴妈妈对小娴的回应实际上是想让孩子开心起来，她希望通过说这些话让孩子从忧伤的情绪里走出来，但是她的做法完全没有达到预期效果。当妈妈这么说时，小娴感觉到的是妈妈并不理解自己，或者不愿意接纳自己的负面情绪。小娴在向妈妈讲述自己的苦恼时，是十分伤心的，但妈妈忽略了这一点。

当家长想通过给孩子打气的方式让孩子感觉好一些时，孩子感觉到的可能是家长忽视了自己当下的情绪和感受，可见家长的这种做法可能并不会让孩子心情好转，反而会加重孩子的负面情绪。

孩子在这样的沟通中所感受到的是，家长认为孩子的感受不重要，甚至不认同孩子的感受。这样一来，孩子也就没有机会学习如何处理自己的负面情绪，如伤心、紧张等。如果这种情况经常发生，也就是家长在孩子每次出现负面情绪的时候，都会通过一些忽视孩子情绪和感受的方法来处理，孩子慢慢就会变得不再信任自己的感受。孩子眼里最重要的人都没有把他当下的感受当回事，他当然就会认为自己的感受是不对的，甚至认为自己的感受是没有价值的、不重要的。当孩子对自己的情绪和感受形成了这样一种认识，在负面情绪再次出现时，他就不会再向家长表达或求助，而他自己可能没有办法处理负面情绪。那么，他会怎么办呢？请看下面这个案例。

案例二：

自从有了妹妹之后，张女士6岁的儿子乐乐常常表现出一些消极行为。比如，张女士每次给刚出生的女儿喂奶时，乐乐就会大喊大叫——寻求关注，所以张女士只得一边抱着女儿，一边安抚儿子。每每这时，张女士都认为儿子在吃醋，所以一直告诉自己要对他有耐心。

这一天，乐乐突然走到张女士身边，伸手推开妹妹，并说："我想坐在你的腿上。"儿子的表达很明确——他不想要这个妹妹，这一点张女士非常明白，但他伸手推妹妹这件事张女士实在无法接受。

张女士特别生气地斥责儿子："你为什么要这么做？妹妹还是一个小婴儿，她又没伤害你，你为什么要这么做？你没有一点大哥哥的样子。我但凡多关注妹妹一点，你就大喊大叫。我现在很生气，我无法容忍你的行为。你看看你有做哥哥的样子吗？你现在去房间里等着，我哄好了妹妹再去找你。"

谁知，乐乐听完妈妈的话后，开始大哭大闹：

“我恨你，我恨你，我恨妈妈！我恨妹妹！”

在上面这个案例中，张女士知道，自从女儿出生后，儿子一直有情绪，并且一直在用消极的方式表达自己的情绪。在这里，我们首先要强调的是，我们非常理解张女士。张女士的儿子推搡妹妹的行为绝对是错误的。但是，当张女士冲孩子发火，把他赶走，就会传递给孩子这样一个信息：你的感受是错的，我不赞同你的负面情绪。而这样的处理方式带来的影响就是，孩子失去了一次学习处理负面情绪的机会，由此可能永远学不会用别人可以接受的方式来表达和处理自己的负面情绪。

案例三：

李女士带着7岁的儿子天天去商场的儿童乐园玩。乐园里有许多小朋友，天天和小朋友在一起玩很开心，却完全没有考虑到其他小朋友的感受，完全不知道在和他人互动时要遵守一定的行为规范。他不知不觉中开始大喊大叫，到处乱跑，并推了其他小朋友。

看到儿子玩得很开心，李女士也很为他感到高兴，因为她很希望自己的孩子成长为一个活泼开朗且能够和其他孩子打成一片的人。

然而，李女士没有注意到儿子的行为有点问题。当天天接近其他小朋友的时候，有的小朋友会转身离开；有的小朋友则因为不喜欢他的行为而对他不理不睬；还有一些大一点的小朋友，看到他叫着跑过来的时候，会指着他哈哈大笑。作为妈妈，李女士并没有觉得儿子有什么问题，她认为儿子还是个小孩子，只要他开心就好了。

如果我们任由孩子无限制地表达自己的情绪，他就永远无法学会以恰当的方式与他人互动，因为他并不知道自己的行为有时会让人感觉到不舒服。

要想和他人进行良好的互动，我们需要学会随时从对方身上寻找一些相关线索，比如，对方在看到我们的行为时通过言语、表情等释放出的对于我们的行为是赞同还是不赞同的信号。孩子通常能在和他人的互动中学会捕捉这些信号，但有些时候他们需要父母的支持和帮助。就像上面的案例提到的一样，有些孩子并没有学会如何让自己冷静下来，习惯于用无节制的方式来表达自己的感受，基本不会考虑自己的行为是否会影响其他人。

那么，以上三个案例的家长到底应该怎么办呢?

在前面我们讲过，把孩子培养成为一个高情商的孩子，也就是具备基本社会能力的孩子，才更可能使孩子远离校园欺凌。

情商高的孩子知道自己的情绪是可以被接纳的，他会找到适合的方式来表达情绪，并且明白他的表达超出某种限制的时候，或者说他做出一些不合适的行为时，也不会招致责骂。

同时，情商高的孩子也明白，他的某些行为在某些情况下可能是不合适的，甚至可能伤害到别人，因此不应该采用这样的行为来表达情绪。情商高的孩子之所以能明白这些，是因为他的家长在日常生活中就是这样做的，他能够从家长这个榜样身上自然习得这些，而且家长会经常和他讨论情绪以及情绪的表达方式。

情商高的孩子能够很自如地表达自己的情绪，不会有太多担忧，因为他知道他是可以依赖父母的，父母会告诉他在特定情况下或在特定人面前这样表达情绪是可以的还是不可以的。通过这种方式，孩子可从父母那里学习到如何更好地认识自己的情绪，进而更了解自己的行为，从而在必要的时候能更从容地调整自己的行为。

在本章第一个例子中，如果小娴的妈妈能够认可女儿的感受和情绪，并帮她表达出来，情况就会变得非常不一样。当然，在接纳了女儿的情绪后，妈妈还要给女儿提供一些必要的支持，帮助女儿摆脱目前的困境。我们来看一下小娴的妈妈到底应该怎么做。

案例一：

小娴今年7岁，正在上小学。小娴看上去比大多数同龄女孩都要小一些，而且她是一个十分内向的女孩，她觉得自己在学校里很难交到朋友。

班里很多女生都有各自的朋友圈子，她们常常三五成群地聚在一起聊天、玩耍，却对小娴视而不见。

每到课间，老师都会号召大家到操场上活动一下。每每这时，小娴都是一个人站在操场旁边静静地看着同学们快乐地玩耍、奔跑。每当老师叫大家回教室继续上课的时候，小娴都很开心，因为这样一来她就又可以认真地看书、听课了，不用再考虑如何与同学相处。

这一天，放学的时候，妈妈来接小娴，发现她坐在校门口的一个角落，情绪不太好，看起来非常难过。妈妈走到小娴旁边，拍拍她的肩膀问她："你今天过得怎么样呀？"（1）

小娴抬起头看着妈妈说道："还行吧。"

"如果还行，你为什么看起来不太开心呀？"（1）

小娴低着头说："我在班上没有朋友，也没人陪我玩儿。"

妈妈耐心地听完了小娴说的话，并因为她的遭遇感到非常难过。（3）

"宝贝，过来坐在我身边。（2）我能看出你很伤心、很孤独。这是你现在的感受吗？（4）"

"是的，妈妈，"小娴点点头，"我觉得很孤独。"小娴说着把头埋在妈妈怀里，她的眼泪顺着脸颊流了下来。

妈妈给了她一张纸巾，并告诉她："你可以哭一会儿。"（3）

"你是因为害怕没有人喜欢你而难过吗？还有别的事让你难过吗？"妈妈问。（4）

小娴说："我很害怕学校里的同学对我不好。"

妈妈说："是的，我理解。我可以想象得到，如果没有人跟你说话，你就不确定他们是不是会对你好。"（3）

在小娴的情绪基本平复后，妈妈和小娴展开了进一步的讨论。妈妈想让小娴的感受好一些。她说："我们邀请你们班的几个女生周末来我们家玩吧，这对你会有帮助吗？另外，你想和你们班哪些人做朋友？还有没有别的办法能帮到你？"（5）

这个沟通过程是十分符合John Gottman的情绪管理训练型教养模式的。小娴妈妈在和女儿沟通的过程中用了很多John Gottman赞成的教养原则，比如：

1.觉察孩子的情绪；

2.将孩子的情绪看作和孩子亲近以及深入沟通的突破口；

3.共情孩子，倾听并肯定孩子的感受；

4.引导孩子正确表达情绪；

5.探索解决问题的策略。

案例涉及这些原则的情节，我们用数字做了相应的标注。这样一来，我们可以更清楚地看到案例中的小娴妈妈分别在什么时候使用了哪个原则。

在了解了这些原则的基础上，我们再来看看另外两个案例。在这两个案例中，我们将看到家长如何应对孩子的情绪才是适宜的、科学的和合理的。

案例二：

自从有了妹妹之后，张女士6岁的儿子乐乐常常表现出一些消极行为。比如，张女士每次给刚出生的女儿喂奶时，乐乐就会大喊大叫——寻求关注，所以张女士只得一边抱着女儿，一边安抚儿子。每每这时，张女士都认为儿子在吃醋，所以一直告诉自己要对他有耐心。

这一天，乐乐突然走到张女士身边，伸手推开妹妹，并说：“我想坐在你的腿上。”儿子的表达很明确——他不想要这个妹妹，这一点张女士非常明白，但他伸手推妹妹这件事张女士实在无法接受。

张女士特别生气，但她没有冲动行事。等自己的情绪平复下来，她才对儿子说：“宝贝，过来，坐在我和妹妹身边。”（2）

然后，张女士用一只手抱着女儿，用另一只手搂着儿子的肩膀，用平静的声音问道：“宝贝，请告诉妈妈，你为什么要把妹妹推开？”（3）

“因为我想坐在你的身边。妹妹一直都在你的怀里，而我从来没有机会。”

张女士对儿子说：“我看得出来，你很生气，所以才会有这样的反应。”（4）

乐乐点了点头，他虽然还是有点生气，但因为妈妈正在认真地听他讲话，所以他的心情好了很多。

“我可以感觉到，自从妹妹出生以后，你有时感觉很难过，你很怀念妹妹出生前我和爸爸对你的关

注。”（1）

乐乐听完后，把头枕在妈妈的腿上。

张女士一边抚摸儿子，一边说：“虽然我知道你为什么生气，但推妹妹并不是一个善良的、友好的行为。（5）我希望你不要再这样做了。（5）如果对妹妹或我很生气，你可以用别的方式表达出来，而不是推妹妹。我们可以想想，怎样的方式更好呢？”（5）

乐乐想了想，说：“也许我应该对你大喊——我想坐在你腿上，这样可以吗？”

张女士回答说：“嗯，这么做就好多了，也更容易让人接受。但是我觉得你把自己的想法告诉我就好了，没有必要大喊着告诉我。以后，每次我给妹妹喂奶的时候，你都可以坐在我身边。我们一起看着妹妹吃奶，你觉得怎么样？等妹妹睡着了，我就有时间和你一起读故事书了。”（5）

那么，面对案例三的情境时，情绪管理训练型家长又会如何应对呢？

案例三：

李女士带着7岁的儿子天天去商场的儿童乐园玩。乐园里有许多小朋友，天天和小朋友在一起玩很开心，却完全没有考虑到其他小朋友的感受，完全不知道在和他人互动时要遵守一定的行为规范。他不知不觉中开始大喊大叫，到处乱跑，并推了其他小朋友。

看到儿子玩得很开心，李女士也很为他感到高兴，因为她很希望自己的孩子成长为一个活泼开朗且能够和其他孩子打成一片的人。

很快，李女士发现，其他孩子会因为儿子的乱跑乱闹、大喊大叫而烦躁不安，而这可能意味着儿子没有学会和其他小朋友以友好的方式互动。（1）

李女士把天天叫过来，让他坐在自己旁边。（2）然后，李女士说："我看到你一直在大喊大叫，这是为什么呢？"（4）

天天说："因为我太喜欢这里了！"

李女士说："是的，我看得出你在这里很开心。看到你开心，我也很高兴。"（1、3）

天天微笑地看着妈妈，他十分高兴，因为妈妈认可了他的感受。

“但我还看到了一些情况，有些孩子会因为你的喊声太大而害怕。当害怕你的时候，他们就不会再和你玩了。”

天天脸上露出了失望的表情，他说：“我喜欢和他们一起玩，我不想让他们害怕。”

李女士的反应是：“当然，你可以和他们一起玩。那我们想一想，你要怎么做才能让他们不那么害怕你呢？”（5）

天天想了一会儿，说：“也许我应该安静一点！不要跑来跑去、大喊大叫！”

“我觉得这是个好主意！那为了让他们更愿意和你一起玩，你还能做些什么呢？”（5）

天天想了想说：“我可以去问问那边那个男孩愿不愿意和我一起玩球。”

李女士给了天天一个大大的拥抱，并说他的想法很好。

我们在前面介绍的John Gottman十分赞成的5个教养原则是可以帮助孩子发展社会能力的绝佳工具。在上面的案例中，我们将涉及这些原则的地方都做了相应的标注。大家应该能感受到，这些原则非常实用，并且能促进孩子的社会情感正向发展。大家在实际生活中，可以参照使用。

如何与人相处——家长要做好榜样

▼

家长还可以做更多的事情，让孩子学习更多的社交技能，从而成为一个高情商的人。

家长必须意识到，孩子6岁之前，家长是孩子最重要的榜样。孩子6岁以后，孩子的同伴会慢慢地在很多方面接过父母的担子，成为孩子人生中的重要榜样，但父母仍然是孩子最重要的榜样之一。对于大多数青少年来说，他们的同龄人和其他成年人（比如明星、社交媒体上所谓的意见领袖、老师等）开始成为他们的主要榜样，而父母对于他们的影响会逐渐变弱。但是，如果父母和孩子之间的关系十分融洽，即使父母不再是孩子的榜样，依然会对孩子的成长产生很大的影响。

你是孩子的榜样，这意味着你的所有行为都会被孩子学习和模仿。尤其在孩子很小的时候，他们是通过模仿你的行为来习得各种技能的。

如果家长有骂人、打架的习惯，孩子就会觉得这就是人与人相处的方式，当和别人发生矛盾时，就会采用同样的方式来解决问题。

当家长能够意识到自己是孩子的榜样时，才可能通过自己的示范帮助孩子学会在和他人相处时能做什么、不能做什么、如何用积极的方式与他人沟通等。如此，当孩子成为家长时，也会以同样的方式对待自己的孩子。这将成为一种积极的代际传承。

当然，家长也会有负面情绪，这很正常，但我们应注意要用合适的方式向他人表达我们的负面情绪。是的，负面情绪是可以表达的，但我们要意识到每一种表达方式都会被孩子模仿。也许我们的一些情绪表达方式对我们自己来说是没有问题的，但那些让我们事后深感抱歉的情绪表达一旦发生，我们不应忘记向孩子道歉，至少要向孩子解释清楚我们为什么会这样。

这样的情况在生活中并不少见。

于珊带着6岁的儿子和12岁的女儿在火车站的检票口排队等待检票。于珊知道，只要一开始检票，就会有一大群人涌向检票口。

正如于珊所料，开始检票后，检票口马上拥挤起来。大家互相推搡着，涌向检票口。

于珊身后的一位女士不停地推他们，并且想超过于珊的女儿。于珊的女儿因此差点摔倒。这让于珊感到非常生气。于是，于珊对那位女士大喊道："你为什么要推我女儿？"由于于珊很生气，环境又很吵，所以她的声音很大、很刺耳。那位女士听了于珊的话非常不满，开始骂于珊。

这是一个在我们的生活中很常见的例子。我们想通过这个例子告诉大家，在生活中，很多时候家长并没有意识到自己当下的所作所为会引发孩子的学习和模仿。在上面这个例子中，于珊当下面临着很大的压力，她表现出的烦躁和愤怒是可以理解的，但她应该考虑一下，她的孩子看到她做出这样的行为会怎么想。他们可能会想："当我们排队的时候，如果有人推我们，我们可以像妈妈这样做。"

实际上，我们没有办法时时刻刻按照最合适的方式行事，我们可能会因为自己的情绪或各种外界因素做出一些不太妥当的行为。然而，如果我们能够意识到自己是孩子模仿的对象，那么即使我们已经做出了不妥的行为，或者可能会对孩子产生不良影响的行为，我们还是可以做一些补救的。比如：

拥挤的人群很快涌入了车厢。于珊和她的孩子们找到自己的座位后坐了下来。

这时，于珊的愤怒早已消散，她平静多了。想起刚才的一切，她突然意识到，虽然对方推女儿的行为绝对是错误的，但自己的行为也是非常不礼貌和不恰当的。她因为自己的行为感觉很尴尬，更不想让孩子们认为，遇到这样的事情可以像妈妈这样处理。

于是，于珊对孩子们说："我对刚才在候车室发生的事情感到非常抱歉。我不能理解那位女士的行为，我真的没有办法忍受别人那样对待我的孩子，所以才会有那样的反应。无论如何，我不应该大喊大叫。在公共场合，这种行为是非常不礼貌和不恰当的。我只是想告诉那位女士，大家都在排队，她不应该因为自己想走到前面就去推开一个孩子。我本来可以平和地说出这些话的。她会理解的，她甚至可能为自己的无礼行为道歉。所以，再遇到这样的事情，我应该换一种方法去处理。”

当父母为自己的不当行为向孩子道歉时，孩子将接收到这样的信息：在冲动时，所有人都可能做出一些不恰当的行为，这是可以理解的，但我们需要及时反思，承认自己的错误，尽可能在下一次做得更好。

让孩子学会理性沟通

▼

和孩子沟通的时候，我们要尽可能采用积极的模式，不要指责孩子，不要总是批评孩子，而是要多看见孩子积极的一面或是取得的一些成就。这可以让孩子知道，我们与他人相处时要多关注对方的优点，而不是一味盯着对方的缺点。

我们设想这样一个场景：

你13岁的儿子刚刚完成了作业，他写了一篇关于四大名著的小论文。你问他你能不能看一看，他同意给你看。你发现论文中有好几处错误，你觉得他的字也不好看。这时候你可能会说：“我发现这里面有很多错误。还有，你就不能把字写得工整一点吗？”这种表达显然是消极的，而积极的表达是这样的：“我真的很喜欢你写的这篇论文，这篇文章读起来很有意思，我看得出来你下了不少功夫。但我也发现了一些小错误。”

当然，你也可以把你对他的字的评价也加进去，但也要用积极的方式：“我读你的论文时看到你的字写得还不是特别好，我希望你以后能改进一下。”

当家长这样说时，孩子所获得的信息就是：“我做得很好。我的家人对我很满意，他们希望我做得更好，我对此感到很开心。”

下面，我们简单介绍一些非常适用的亲子沟通技巧。

技巧一：多采用“我+信息”的表达方式

具体来讲，也就是尽可能多地用“我”开头的句子代替“你”开头的句子。如果一直用“你”开头的句子说话，我们很像是在指责对方，对方会觉得有必要为自己辩解。由此，沟通就很容易变成争吵，从而让我们本来想进行的交流没有办法进行下去。

比如，你发现孩子把厨房弄得很乱，地上有很多垃圾，你很生气。这时，你可能会用指责的语气冲他大喊：“你每次都把厨房弄得乱糟糟的，到处都是垃圾。你每次用完厨房后能把厨房清理干净吗？”

当听到你这么说时，孩子会感觉很不舒服，因为他感受到的是你在指责他，他甚至可能会觉得自己很笨，什么都做不好。这时他可能会顶撞你，也可能一句话都不说，而且他也不会去收拾厨房。

然而，如果你换一种表达方式，如：“我看到厨房里有很多垃圾。我忙了一天了，好累呀，没有力气去收拾这些垃圾了。我知道，有时候你想下厨给自己弄点吃的，这很好。但是如果你每次用完厨房都能把用过的东西清理干净，那就更好了！我确定你能做到的。”当你这么表达时，孩子得到的信息是，他可以使用厨房，他也有义务将厨房收拾干净。接收到这样的信息后，他更知道自己应该做什么。

这就是“我+信息”的表达方式的神奇之处。

技巧二：多和孩子一起讨论感受和情绪

这样的讨论越多越好，孩子越容易学会调节自己的情绪。务必使用我们在前面介绍过的John Gottman给出的工具和原则。比如：

你的孩子正处在青春期。这天，他放学回家后，把书包扔在地上，坐在沙发上什么也不说。

你看到这一切，便问他：“喂，你还好吗？”

他低着头嘟囔了一句，但你并没有听清楚他说了什么。

于是，你换了个话题：“我给你泡点茶，好吗？”

他没有回答。

你把泡好的茶放在茶几上，坐在他的旁边，把手放在他的手臂上，轻声问他：“我感觉你好像不太舒服，对吗？”

他点了点头。

你说："我们一起喝点茶吧。如果你想说，就告诉我你为什么会这样。"

你们两人默默地喝了一会儿茶。他突然说道："我最好的朋友昊子和大林约好这个周末一起去参加电竞比赛，但是他们没有叫我。"

"哦……我能想象到这让你有种不好的感受。你的感受是怎样的呢？你在生他们的气，觉得很难过？"

"我感觉很伤心。"

"我懂你。你最好的朋友一起出去玩，却没有叫你。你觉得很伤心，你有那种嫉妒的感觉吗？"

"是啊，我有这种感觉，真的很难受！"

你通过拍和抚摸他的肩膀或手臂来对他进行共情。通过这种方式，你能让他明白你完全理解他的感受。这种情况下，他完全可以听进去你的建议。

"你想让我帮你出点主意吗？"

"是的，现在我真的不知道该怎么做。"

这是一个典型的和孩子一起讨论感受和情绪的过程。

接下来，你们可以一起讨论各种可能的解决方案。对于每一个解决方案，你都应该和孩子一起确认，看看对于他的情况是否可行。也许，他还能想出更好的解决方案。

技巧三：多关注对方的感受

在沟通过程中，不要只关注自己。要达成良好的沟通，就要懂得在沟通中时刻关注对方，让对方有参与感，并保持足够的专注。

一个只会讲一些枯燥的事情的人，也许是一个善于讲话的人，但不一定是一个善于沟通的人。很多人在沟通中常犯的错误是，只讲自己的经历或者自己关注的事情，完全忽略对方的表达和需求。

比如，孩子对你说："我对老师很失望。他给我打了很低的分，因为他说我没有交作业。可是，我真的交了！他根本不听我的解释。他就是一个从来不听别人说话的人。"这时候，有些家长可能会把自己的经历和感受同孩子说的话联系在一起，和孩子讲自己类似的经历。这显然忽视了孩子的感受和需求。

实际上，这种时候，我们应该做的是把注意力集中在孩子所表达的情绪上，比如失望、愤怒、沮丧、气馁、无奈等。我们可以对孩子说："我感受到了，你很生气。我们怎样来处理这种情况呢？"

技巧四：多询问与对方有关的问题

善于沟通者常用一个特殊的技巧来维持对方的注意力——询问与对方有关的问题。一个在沟通中只谈论自己所关注的问题的人，一开始可能会得到他人的注意，但很快就会失去这些关注，因为所有人都想在沟通中得到关注。

所以我们要向孩子说明，与别人沟通的时候，要关注对方关注的问题。这也是一种很好的开启沟通的方式。比如："你还好吗？你喜欢足球吗？要不要一起踢一场？"

这样和孩子讨论校园欺凌

▼

我们一定要向孩子说明，当学校里发生欺凌事件时，他一定要相信父母。我们的孩子需要知道父母会一直支持他，他可以向父母求助。

我们要向孩子说明欺凌在很多学校普遍存在。我们甚至可以主动问问孩子，他的学校是否也存在类似的事情。

我们要让孩子知道什么样的孩子相对而言更容易受到欺凌，如缺乏社交能力的孩子、缺乏自信的孩子、偏离同伴行为规范的孩子等。

在此基础上，我们可以问问孩子，他希望自己在哪些方面有所改善？他希望得到家长怎样的帮助？

教会孩子善待别人

▼

要想让孩子在一个环境中获得快乐，减少不安全感，他自身是否能够善待别人也非常重要。

如果我们能善待周围的人，孩子就可以通过模仿习得善良的品质，从而懂得善待别人。

如果我们常对别人表达善意，我们也会得到善意的回报。因此，教会孩子善待别人很重要。

善良的孩子，更不容易遭遇欺凌，因为他们更愿意用善良的方式而不是具有攻击性的方式来应对各种情况。

善良也意味着对别人的尊重。

当然，善良并不意味着我们不能有愤怒或其他负面情绪。在某些情况下，表达负面情绪是必要的，而且是值得肯定的。但在更多情况下，多一些善意，可以让我们远离欺凌。

教孩子学习一些与人合作的技巧

▼

在前面我们讲过，良好的合作能力可以让孩子远离欺凌。一般来讲，良好的合作能力意味着个体在小组活动中信任他人、有责任感、懂得促进性互动、有良好的人际合作评估能力和有一定的协作技能五个基本要素。

信任他人

这意味着当孩子和其他人以小组为单位活动时，能信赖其他成员。也即，即使不喜欢某个小组成员或某项任务，孩子也能以积极的态度参与小组活动。

有责任感

这意味着，孩子能在小组活动中意识到自己承担的任务的重要性，哪怕自己承担的只是一个小任务。实际上，所有小组成员个人任务的完成情况是小组任务完成的基础。对每个个体来讲，这就是责任感的体现。

懂得促进性互动

这意味着，孩子在小组活动中能主动激励和促进其他小组成员完成自己的任务。在小组活动中，小组成员互相批评、抱怨等都不利于小组目标的达成。

有良好的人际合作评估能力

这意味着孩子在小组活动中能通过自我反思和沟通交流，发现小组成员哪些方面做得很好、哪些地方还需改进等。并且，在合作过程中，孩子能发现哪些互动起了积极作用，哪些互动起了消极作用。

有一定的协作技能

这意味着孩子在小组活动中能很好地运用各种协作技能与他人合作，如倾听、甘愿接受领导等。

教孩子学会正确处理负面情绪

▼

要教会孩子正确处理自己的负面情绪，比如愤怒、悲伤、嫉妒、恐惧、厌恶等。要注意，每个人处理负面情绪的方法都可能有差异，某种方法对你有效，不一定对孩子有效，所以不要把对自己有效的方式教给孩子就觉得万事大吉了。

我们可以试着教给孩子一些常用的处理负面情绪的方法，让孩子去寻找对自己更有效的方法，鼓励孩子自创适合自己的积极的处理负面情绪的方法。

下面，我们介绍一些有效的方法，供大家参考。

1.把负面情绪写下来；

2.感觉到负面情绪时，在心里先从1默数到10，再从10默数到1；

3.向别人倾诉，比如找好朋友谈谈自己的负面情绪；

4.暂时远离给我们带来负面情绪的人或事；

5.通过阅读、学习、写作、绘画、运动、看电影等来转移注意力；

6.做放松练习，如深呼吸、冥想、瑜伽等。

引导孩子建立并维持友谊

▼

在日常生活中，我们要告诉孩子什么是真正的友谊，并要多和他讨论如何才能交到朋友以及如何维护与朋友的关系。拥有好朋友，可以让孩子在遭遇欺凌的情况下内心充满力量。交到好朋友并与其保持良好的友谊，需要一定的社交技巧。如果想帮助孩子建立并维持友谊，可以先和孩子讨论一下，他认为在友谊中什么是最重要的，他希望和朋友一起做什么，他认为自己的哪些特点在友谊中是重要的。通过这种方式，孩子能够思考他对朋友的期望是什么，以及应该如何对待一个可以成为他真正的朋友的人。

教孩子成为欺凌事件的防卫者

▼

在后面的内容中，我们将更详细地解释在欺凌情境中扮演不同角色的个体。现在，我们只是想简单说明：在通常情况下，欺凌事件中不只有欺凌者（施暴者）和受害者（接受者）。

首先，在许多欺凌情境中，有一些人是欺凌者的帮手，他们本身不是典型的欺凌者，但他们可能会通过欢呼、鼓掌、大笑等来支持欺凌者。

其次，欺凌情境中，可能存在旁观者，他们什么都不做，只是站在一旁看着正在发生的一切。旁观者通常与欺凌者或受害者没有任何关系。

再次，欺凌情境中，有时会有局外人，他们只是偶然碰到了欺凌事件，但不想参与其中，只是匆匆路过。

最后，欺凌情境中，有时还会有防卫者。不幸的是，防卫者并不是存在于所有欺凌之中。对于受害者来说，如果欺凌情境中出现了防卫者，那他就很幸运了。防卫者是指那些能勇敢站出来制止欺凌行为的人。防卫者不一定是受害者的朋友，可以是受害者的同学或校友，也可以是旁观者或局外人。防卫者可以是受害者的同龄人，也可以是成年人。

重要的是，防卫者能做一些可阻止欺凌行为的事情。防卫者的行为主要包括叫家长、寻求其他成年人的帮助、站在欺凌者和受害者之间、拉着受害者的手带他离开现场、让欺凌者停止欺凌等。什么方法最好或最有效，要视情况而定。

我们要明白，孩子在目睹欺凌时挺身而出成为防卫者，对他的社会情感的发展是非常重要的。我们可以和孩子讨论他选择成为防卫者之后可能遭遇的各种情况，以及他采取哪些防卫行为更有效、更安全。

研究表明，具有良好社交能力的孩子更可能成为欺凌情境的防卫者，而且他们的防卫行为往往更有效。与没有朋友的孩子相比，有好朋友的孩子面临欺凌时更容易获得帮助，因为他们的朋友很可能挺身而出，帮助他们。

给予孩子足够的关注

▼

感觉到自己的存在对父母很重要，这对每一个孩子来说都非常有意义。日常生活中，很多家长每天都忙于工作，很难给予孩子足够的关注。有些家长在成长的过程中没有得到父母足够的关注，他们成为父母后，很难给予孩子足够的关注。更有家长认为，给孩子足够的零用钱，让孩子住上舒适的房子、穿上好的衣服，就足够了。

是的，孩子获得这一切会很高兴，甚至会感激父母为他创造了这一切。但在孩子内心深处，他需要的很可能是另一种关注。实际上，孩子真正需要的也许只是被“看见”。孩子希望被人关注，希望从父母那里得到真正的爱——以真正的关注为表现形式的真正的爱。这能让孩子意识到自己在父母眼里是有价值的、重要的。

家长怎么才能做到真正关注孩子呢？其实不难。若能对孩子日常生活中的各种小事表现出真正的关注和兴趣，就会给孩子留下“我被父母看到了”的印象。家长可以通过询问孩子日常生活中的各种经历来做到这一点，比如，“你今天过得怎么样？”“你最好的朋友是谁？你为什么这么喜欢他？”“你最喜欢什么？”“今天你经历的最美好的时刻是什么？”等都是很好的问题。通过问孩子这些问题，我们能真正走近孩子。当孩子反问我们类似的问题时，我们会和孩子走得更近。这都会让孩子觉得自己对父母来说是很有价值的。而觉得自己有价值，值得被尊重、被爱的孩子，将更有抵御欺凌的能力。

教孩子做一个自信的人

▼

感觉自己有价值，值得被尊重、被爱的孩子一定是一个自信和强大的孩子。这样，他将知道自己没有理由被人欺凌，即便遭遇欺凌，他也能找到有效的应对方法。

那么，怎样才能让孩子更加自信呢？为了帮助孩子成为一个自信的人，家长有很多事可以做。自信是一个人在生命早期形成的特质。如果周遭环境，特别是父母，在语言层面或非语言层面不断地以消极的方式回应孩子，比如常告诉孩子他太笨了、他太蠢了等，长此以往孩子可能会相信他就是这样的。父母在孩子做错事或做事太慢的时候发脾气，也会让孩子产生负面感受。

有的父母几乎从不对孩子做负面评价，但也不会对孩子做正面评价，这同样会影响孩子自信心的建立。

在青春期结束前，孩子自我意象的建立主要源于他人的评价。孩子并不能客观地看待自己，这一点在青春期中期尤其明显。孩子需要通过来自他人的评价来评估自己。孩子甚至会很敏感地将从环境中得到的一些微小信号看作别人对自己的评价。

面对孩子这样的特点，家长该怎么办呢？家长可以通过自己的行为影响和支持孩子建立自信和自尊。比如，家长可以通过表达善意、关注孩子行为背后的情绪以及经常性的赞美，来影响孩子。赞美可给人——无论是大人还是孩子——一种温暖和积极的感觉。赞美会让人觉得自己很好。对于正处于自尊心和自信心建立过程中的孩子来说，这种感觉非常重要。但是，我们在给予赞美的时候要注意技巧。

过多、过频的赞美可能会产生相反的效果。相关研究显示，孩子在接受了太多关于他们成就的赞美后，会表现出对这些赞美不信任的迹象，甚至不再相信类似的赞美。由此，有的孩子会出现消极的行为，因为他们会认为：

“不管我做什么，他们都喜欢我。即使我什么都不做，他们也喜欢我。”有些孩子则会表现出一些自恋的特质，他们觉得自己比别人好，不愿意帮助不幸的同伴，希望自己永远都能成为众人关注的焦点。所以，在足够的赞美和足够的正面评价之间找一个平衡点才是最好的、最有效的方法。

在日常生活中，赞美其实并不常见。很多人甚至认为，孩子从批评中学习到的东西比从赞美中学习到的东西多。我们认为，这一观点是有问题的，有大量的研究支持我们。

在一次面向孩子的培训中，我们要求参与培训的孩子每天给家人和课堂小组的同伴一句赞美。我们发现，孩子完成这个任务并不容易，但那些完成了这个任务的孩子每天分享他们的感受，会促使更多孩子完成这个任务。很多孩子说，他们收到同学的赞美时，会觉得非常开心；而当他们向父母表达赞美时，他们的父母一开始会感到十分惊讶，之后会非常开心，并会以赞美回应他们。

同样，在我们面向成年人的培训中，这个任务也总是能带来类似的结果。想试一试吗？你也可以尝试找找孩子身上的优点，并对他进行赞美，然后看看效果如何。

远离那些对于反欺凌没有帮助的方法

▼

有的家长认为，他们已经教会孩子如何应对欺凌，因为他们常常告诉孩子遭遇欺凌时要懂得反击。有的家长则会告诉孩子，在遭遇别人欺凌时至少要展现自己的能力和力量，这样可向对方传递这样一个信息——“我不怕你！”

学会反击，第一时间打回去，以彼之道，还施彼身，对孩子来讲其实并不是让自己免受欺凌最好的、最有效的方法。这种方法不仅可能是无效的，而且有可能招致更多欺凌，造成更严重的后果。

使用伤害我们的欺凌者的消极的、卑劣的方法反击，意味着还有人会受伤。而当欺凌者被这样对待时，他第一时间想到的不一定是停止自己伤害别人的行为，而有可能是用更粗暴的方式来施加伤害。也就是说，以暴制暴很可能导致更严重的后果，让欺凌升级。

我们想让家长教给孩子的是，要让欺凌者看到我们的力量，不畏惧、不退缩。这会让欺凌者产生困惑，因为我们的这种反应通常不是欺凌者所期望的。对于欺凌者来说，受害者的软弱（精神上和身体上）是他所期望的，也是他认为自己能掌控的。

大多数欺凌者比他选择的受害者更年长、更高大、更强壮，这通常也是受害者在欺凌情境中手足无措的原因。有些欺凌者习惯于用身体层面的攻击来应对自己遭受的挫折，因为这是他们在原生家庭从父母那里学到的唯一的解决问题的方式。而心理上强大、自信的受害者，即使在身体层面处于相对弱势的地位，也能用合适的方式应对欺凌。

其实软弱也是欺凌者的弱点。大多数欺凌者都不是心理强大的孩子，同时也不是十分自信的孩子，他们往往情商很低，缺乏社交能力，常常感到孤独、没有安全感，因此只能以攻击别人的方式与其他孩子相处。

家长作业

培养孩子的社会情商

练习一：什么是真正的朋友？（7～15岁孩子适用）

在日常生活中，我们要多和孩子探讨友谊的重要性。我们要让孩子明白，任何人都可以成为他的朋友，但交到真正的朋友并不容易。真正的朋友具备哪些特征呢？让孩子思考一下这个问题，并让他将思考结果写下来。可以让孩子按照下表做这个练习。

我最好的朋友必须具备的特征	哪些特征能帮我交到真正的朋友
外在特征（比如体形、外貌等）	外在特征（比如体形、外貌等）
内在特征（比如善良、忠诚等）	内在特征（比如善良、忠诚等）
喜好、成就（比如喜欢足球、擅长游泳等）	喜好、成就（比如喜欢足球、擅长游泳等）

练习二：让你的孩子更加自信（7~15岁孩子适用）

日常生活中，我们要多和孩子探讨自信和自尊的重要性。一个人要想更自信，就要多关注自己的优点。这个练习能够帮孩子做到这一点。

在这个练习中，孩子需要把自己的优点列一个清单。

低龄孩子可以在大人的帮助下完成，大一点的孩子最好自己完成。

如果你想帮助孩子，可以把你在他身上看到的优点列一个清单，然后拿给他看。

孩子也可以和朋友一起做这个练习，他们可以为彼此列一个清单，然后把清单当作礼物送给对方。

可以按照下表来做这个练习。

<table>
<tr><th colspan="5">我的优点</th></tr>
<tr><td rowspan="2">我的优点</td><td>外在的</td><td>1.____</td><td>2.____</td><td>3.____</td></tr>
<tr><td>内在的</td><td>1.____</td><td>2.____</td><td>3.____</td></tr>
<tr><td colspan="2">我对我的这些成就感到骄傲</td><td>1.____</td><td>2.____</td><td>3.____</td></tr>
</table>

我们在和孩子进行这样的练习时，发现很多孩子往往更容易写出自己的成就，而对于自己内在的或外在的优点，常常很难写出来。这时我们一定要鼓励孩子认真思

考。如果孩子还是没办法写出来，我们可以给他一些提示，比如，“我觉得你的眼睛很美，非常有神。”“我觉得你很有爱心。”等等。

练习三：让孩子学会感恩

感恩是一种很好的可以让孩子产生积极的感觉的情感。我们可按照以下思路让孩子反思每天的生活，学习感恩。

今天可让我感恩的事有：

____

____

____

今天我学到了：______________________

____

如果我是自己的家长，我会告诉自己：__________

第七章

当孩子是欺凌者时，父母怎么办

孩子可能是欺凌者的信号

▼

提到校园欺凌的时候，我们脑海中可能会出现这样的情境：一个威风凛凛的大个子把一个瘦弱的小个子逼到墙角，让对方交出自己的零花钱，并把对方手里的书本撕得粉碎。然而，这个场景中的欺凌者形象只是非常典型的欺凌者形象。现实情况是，一个在我们看来十分听话、乖巧、懂事的孩子，也可能成为欺凌者。

普天下的家长无不对自己的子女寄予厚望。因此，我们都不希望自己的子女背负“校园小霸王”的恶名。否则的话，这不仅代表着孩子的失败，同时也意味着在教养的路上家长犯了错误。

自己的孩子可能是别的孩子的噩梦，恐怕很多家长都难以接受。假如全天下的孩子都能够在一个和谐、友善、积极、向上的环境里成长，校园欺凌发生的概率可能非常小。如此一来，我们也就没有必要写这样一本书了。然而正在阅读本书的各位家长应该都很清楚，这样的情况几乎不可能存在。

尽管我们都不希望，但我们不得不承认我们的孩子有可能成为欺凌者，这就像我们的孩子有可能成为受害者一样。我们怎样才能将欺凌消灭于刚发生的时候以及还没有发展为恶性事件的时候呢？让我们回想一下我们在前面讲过的内容：发现校园欺凌的一个主要方法，是家长发现自己的孩子成了受害者。而另一个主要方法，就是家长发现自己的孩子是欺凌者。遗憾的是，很多家长缺乏一定的“观察”能力。更遗憾的是，当孩子是欺凌者时，很多家长会有意无意地放弃这样的“观察”。

我们来看一个案例：

今年11岁的小刚，正在读小学四年级。小刚爸爸最近偶然发现，小刚手机的社交软件里多了很多“表情包”，其中有一些表情包的文字让人十分不舒服，比如：“我不是针对你，而是想说在座的各位都是垃圾。”“有话不要好好说，拳头上面见真格。”等等。但是，小刚爸爸也没多想，只是一笑了之。

有一次，小刚妈妈发现小刚的衣服有点脏，就问他这是怎么回事。小刚说他和同学打架了，不过他力气大，并没有吃亏。妈妈很高兴：“这才是我的小男子汉！不过以后还是不要和同学打架了！”

后来，小刚的爸爸妈妈发现小刚很多地方都不对劲儿。比如，他的铅笔盒里经常出现一些家长没有给他买过的笔。再比如，小刚越来越没有礼貌。

直到学校的教导处打来电话，小刚的爸爸妈妈才知道小刚已经是学校里的“小霸王”了。

与发现欺凌事件的受害者相比，发现欺凌事件的欺凌者对于家长来说更不容易。下面，我们整理了一些孩子可能是欺凌者的信号，供各位家长参考。需要强调的是，这些情况不一定代表孩子已经主导了欺凌，但如果孩子身上出现了这些情况，家长至少应该提高警觉。

信号一：孩子参与了肢体冲突或语言争吵

家长没有千里眼，所以除非学校告知或孩子反馈，家长很难得知孩子在学校和同学发生了冲突。当孩子是冲突中占据优势的一方时，我们得到孩子主动反馈的可能性就更小了。

如果孩子回家后其衣物、随身物品或其他方面与离开家时非常不同，那么他在学校参与了一场激烈的足球比赛或一场激烈的打架斗殴的可能性都有。家长要学会抽丝剥茧，及时发现孩子在学校和别人发生了冲突的种种迹象。

孩子参与了语言争吵就更难被发现了，毕竟我们谁都不会在孩子身上装窃听器（如果你真的这样做了，我建议你马上停止）。但是，如果你发现孩子经常出口成“脏”，那你就要特别注意一下了。

值得一提的是，由于网络越来越发达，孩子有时会使用一些成年人完全听不懂的语言（比如网红语、网络黑话等）在社交媒体上攻击他人。家长在日常生活中要多多学习，多和孩子接触，以防孩子在无意之间成为欺凌者。

信号二：孩子的朋友中有欺凌者

欺凌情境中往往不只有欺凌者与受害者，有时还有帮手、旁观者等。很多时候，帮手和旁观者其实就是欺凌者的朋友或支持者，而且他们也非常容易变成欺凌者。因此，如果我们的孩子的朋友中有欺凌者，那么为了融入某个群体，或为了避免自己成为受害者，孩子很有可能成为欺凌者。

退一步讲，我们的孩子能够与有欺凌行为的孩子成为朋友，至少说明孩子能够接受欺凌这件事，甚至认同欺凌者的欺凌行为。

信号三：孩子越来越有侵略性

从某种意义上讲，我们现在所处的社会鼓励人们有一点侵略性，比如我们常听人说的“狼性思维”。然而，一个人身上有过度的侵略性毫无疑问是不好的。当我们注意到孩子的侵略性越来越强时，再有“我的孩子以后天不怕地不怕”这样的想法恐怕就不太适合了。当然，我们或许很难观察到自己孩子咄咄逼人的一面，但如果孩子的小伙伴里有侵略性很强的孩子时，我们就要好好评估一下自己孩子的侵略性处于什么样的水平了。

信号四：孩子常有来源不明的财物

尽管大多数家长并不知道孩子喜欢的零食的价格是怎样的区间（如果你能准确说出孩子喜欢的零食的价格，那你一定是一个非常关心孩子的家长），但我们还是可以观察到孩子自己购买了哪些物品。估算一下孩子所购买物品的价格，它若与我们给孩子的零花钱不匹配，多出来的那部分就是孩子来源不明的财物。

有的时候这是显而易见的。比如，孩子某一天突然拥有了一部新手机，或是带回来一个新篮球，他可能会告诉我们这是同学借他玩的，但我们仍要提高警惕。有时候来源不明的财物可能不是实体财物，比如孩子正在玩的网络游戏的点卡或其他需用金钱换取的虚拟物品。

总之，家长虽然不必在这方面过于紧张，但是一旦发现相关线索，就不能置之不理。

信号五：习惯以消极的方式应对一切

孩子常常因为一点小事而垂头丧气，或是想尽方法逃避即将面临的挑战，表明孩子习惯以消极的方式面对这个世界。这在许多相关研究中被证明与欺凌事件的欺凌者有非常强的正向关联，我们必须引起重视。

信号六：缺乏安全感

一个孩子沉迷于别人的正向评价，或是经常对于自己是否受人欢迎感到担忧，可能是他会成为欺凌者的信号之一。比如，一个孩子经常强调自己很受欢迎，或者自己很酷、很棒，这其实是一种缺乏安全感的表现。有欺凌行为的孩子，很多时候希望通过看似可以掌控一切的欺凌手段让自己更受欢迎。殊不知，这很可能会让别人更加讨厌他。

信号七：缺乏共情能力或同情心

如果一个孩子很难感受到其他人的快乐和痛苦，或是对于他人的遭遇很难产生同情心，那么他或许会面临一些精神层面的挑战，甚至很有可能成为欺凌者。

信号八：亲子关系不太好

我们相信，大家读过前面的内容之后应该能够明白一件事：孩子之所以会成为欺凌事件的受害者，与家长的教养方式不无关系。实际上，孩子若成为欺凌者，父母也难逃干系。如果孩子经常从父母那里看到充满攻击性的行为、不合适的情绪表达方式，那么他习得这些行为模式的可能性就很大。

一旦发现孩子是欺凌者，父母不要自乱阵脚

▼

发现孩子是一名欺凌者时，我们该怎么办呢？

绝大多数情况下，我们是通过孩子的班主任、学校的教导主任甚至校长得知这一情况的。有一些家长开始时会觉得学校小题大做，甚至与老师发生争论："孩子之间的打打闹闹，怎么能算是欺凌呢？""谁不是这样长大的啊？""我家孩子攻击性强了点有什么错啊？""你咋不说受欺负的孩子太窝囊呢？"等等。

我们在第一章讲过：欺凌事件中的所有人都是受害

者，没有人能赢得这场较量。很多时候，我们都能共情受害者的感受，因为我们能感受到受害者在遭遇欺凌时的无助、痛苦和难过。这也使得我们在帮助受害者的时候更加有的放矢。

然而，欺凌者没有这么幸运。比如，我们上面提到的不能严肃对待欺凌行为的家长的表现实质上会降低欺凌者受到合理关注的概率。

我们希望每个正在阅读本书的家长都能明白一件事：欺凌者的行为，并不是“他们成长过程中一定会经历的情绪宣泄方式”，也不是“他们比其他孩子强的证明”，更不是“不会对其他人造成真的伤害”。一方面，恶性欺凌事件时常发生，很多恶性事件对受害者造成了不可逆的伤害。另一方面，欺凌者之所以会实施欺凌行为，是有原因的。当我们忽视欺凌行为背后的原因时，一个具有攻击性的欺凌者受到的伤害可能比受害者受到的伤害更严重。比如，大多数欺凌者成年后在生活中会面临许多严重的问题。

读到这里，我们应该已经达成了一个共识：一旦发现孩子在学校有欺凌他人的行为，我们必须严肃对待，这不仅是因为欺凌行为会伤害到其他人，还因为很可能会让我们的孩子在将来遇到更大的问题。现实生活中，有一部分家长刚得知孩子在学校有欺凌行为时，可能会有这样的反应：气得浑身发抖，然后立马去学校狠狠批评甚至体罚孩子，并向学校保证类似事情不会再发生。回到家之后，这些家长更是咄咄逼人，让孩子承认错误，并保证以后决不再犯。至于这样的教育究竟有没有效果，这些家长并不会考虑。

当然，有的家长会有不同的反应，毕竟并不是所有家长都相信“棍棒底下出孝子”。这些家长生气之余会不停质问孩子为什么要欺负别的同学。孩子支支吾吾说不出个子丑寅卯，他们就会把注意力转向老师。老师也许会说，孩子在学校拉帮结派，带领着一群同学欺负弱小。家长不敢相信，在自己眼中明明连只蚂蚁都不舍得踩的孩子，在学校竟然是一个“混世小魔王”，于是便让孩子将“我再也不欺负同学了”这句话抄写100遍作为惩罚。

好了，我们暂停一下。虽然很多家长可能觉得我们上面提到的两种处理方式过于极端和戏剧化，但这的确是很多家庭面临孩子身上出现的各种问题时常用的处理模式。上面两种处理模式虽然有所不同，但有一个共同的盲区——没有关注孩子行为背后的原因。

回顾上面的两种处理方式，我们会发现这两类家长在整个过程中几乎没有与孩子进行深入沟通，从而也不可能提出有效的解决方案。

那到底该怎么办呢？下面，我们将会告诉大家发现孩子成为欺凌者后应该做些什么。如果方便的话，我们可以提前演练一下，因为在实际情况中我们可能会被愤怒的情绪掌控，以致乱了阵脚。

如何与孩子交流是关键

▼

得知自己的孩子欺凌了其他同学后，所有父母可能都十分吃惊、十分生气，这是非常正常的。但我们如果过于生气，便不能与孩子正常交流。怎么办？通过深呼吸让自己先平静下来，开口前在心里从1默数到10，把想说的话在脑海中先排练一遍，都可保证我们和孩子的沟通在平和的氛围中进行。

要用平静、稳定的语气和孩子沟通，最好用开放式的问题来询问，比如：“你能说说发生了什么吗？”“你为什么会有这样的行为呢？你当时的感受是怎样的？”

等等。

在这个过程中，我们要尽量做到不评判孩子的选择、感受和行为。我们要做的是尽量搜集足够多的信息，这样我们才能最大程度帮到孩子。这样充满耐心的、和平的交谈可传递给孩子这样一些信息：我是可以承认错误的；爸爸妈妈想帮助我解决问题，他们并没有第一时间埋怨我。

有的孩子这时可能仍没有意识到自己的行为对他人造成了伤害。对于这样的孩子来说，他们的欺凌行为可能真的是“玩闹行为”，或者只是“无心的举动”。这时，我们可以将欺凌的定义以孩子能够理解的方式讲给他听。我们要让孩子明白，他无意的行为，可能对别人造成很大的伤害。

弄清孩子欺凌行为背后的原因

孩子欺凌行为背后的原因有很多。有的孩子之所以会做出欺凌行为，是因为他们缺乏安全感。面对一个看上去在身体或情感上相对弱势的人时，他们觉得自己更加重要、更受欢迎或更有控制其他人的能力。但是，在欺凌事件发生之后，他们会感到十分不安。这些孩子需要提升自己的自尊心、自信心，从而增进自己的安全感。

有的时候，孩子对于那些打破他们所在环境的常规的人感到十分困惑，于是会有意无意地挑这些与众不同的人的“毛病”。这些与众不同的人的“毛病”可能表现在体形、长相、行为方式、表达方式、信仰、性别认同等方方面面。这样看来，孩子需要了解关于这个世界的更多信息，这样他才能以多元的视角看待这个世界。

某些情况下，欺凌存在于持续的挑衅中，或是攻击性行为的一部分。这样的孩子具有强烈的攻击性，需要专门的帮助来学习处理自己的愤怒、妒忌等负面情绪。专业的心理咨询和治疗，可以帮助这样的孩子学会如何处理自己的负面情绪。

有的孩子在欺凌事件中受到了伤害，为了发泄自己的负面情绪或是避免自己再次遭遇欺凌，可能成为欺凌事件的施害者。这时，我们一边要处理他之前遇到的欺凌事件，一边要处理当下发生的欺凌事件。因为这两个欺凌事件相互关联，因此我们要将它们放在一起讨论。

有的孩子从未学习过如何与人友善地交流和沟通。他们所有的行为模式均来自模仿家庭、学校或其他环境中的人。一旦他们模仿来的行为是具有攻击性的、不友善的，他们可能会伤害到别人。在这样的孩子的理解中，这就是人与人交往的方式。这样的孩子需要放弃这些具有攻击性的行为模式，而用相对更友善的行为方式来武装自己。

欺凌行为背后的可能性原因有很多，我们列举的只是一些常见的原因。一个孩子成为欺凌者，可能是由于一个原因、两个原因甚至多个原因。因此，坐下来和他好好聊聊，了解他这样做的原因非常重要，这能够帮助我们更好地帮助他做出改变。

除此之外，对于存在情绪和行为障碍，或是社交能力有限的残障儿童而言，他们可能会受这些因素的影响而做出具有攻击性的行为，看上去像是在欺凌他人。这种情况也需要介入，最好寻求专业的帮助。

对症下药，改善孩子的行为方式

▼

搞清楚孩子欺凌行为背后的原因，我们就可以根据孩子在社会交往中面临的具体挑战对症下药，真正解决孩子的问题。下面这些建议供大家参考。

让孩子用友善的行为取代不友善的行为

要教会孩子合理应对对于他来讲很难处理的社交难题，并要教会他用友善的行为取代不友善的行为。比如，孩子和许多同学一起孤立某位同学，我们可以告诉孩子：

“我希望你能接纳所有的同学，即使你不想和某个同学交朋友，我也希望你能尊重对方。”

教会孩子共情

在社会情感能力中，共情是非常重要的一种能力。它能让我们感受到其他人的感受，而这是欺凌者普遍缺乏的一种能力。孩子需要明白，每个人都有自己的感受，每个人的感受都很重要，每个人都要学着去尊重别人的感受。提一些让孩子可以感同身受的问题有助于孩子习得这项能力，比如：“你能试着感受一下，被你欺凌的同学会有怎样的感受吗？如果有人对你做同样的事情，你的感受是怎样的？”

提升孩子的自尊

自尊相对较弱也是欺凌者普遍存在的一个状况。比如，有的孩子可能为了融入同伴群体或者获得更多关注而成为欺凌者。如果他们能够意识到自己身上真正的价值和闪光点，换言之，有足够强的自尊，他们就不需要通过实施欺凌行为“彰显自己的价值”。

教孩子一些必要的社交技能

欺凌事件中的施害者往往缺乏必要的社交技能，比如情绪管理能力、冲动行为控制能力等。这些技能都很简单，但需要不断练习。日常生活中，我们要有意识地教孩子一些社交技能，以使他们在未来能顺利地与别人建立并维持各种关系。

反思家庭教育方式

发现孩子有欺凌行为时，反思一下我们的家庭情况也是非常有必要的，比如，我们是不是经常使用极具攻击性的沟通方式？我们是如何在孩子面前处理冲突和矛盾的？等等。如果我们总是咄咄逼人，无论是针对孩子还是在孩子面前针对别人，孩子很可能效仿我们。在孩子面前，我们要试着多赞美别人，多指出他人的优点。当生活中出现挑战时，我们要坦诚地说出自己的挫折感，尤其是在孩子面前。

通过适当的惩罚，让孩子科学认识自己的错误

▼

对于有欺凌行为的孩子有时候有必要进行一些惩罚，这能够让孩子真正认识到欺凌行为的严重性。较为合适的惩罚是暂时将孩子的某些事物拿走或取消其某些特权，但我们要确保这些惩罚是与其欺凌行为相关的。比如，如果孩子通过手机对其他同学实施网络欺凌，扣减零花钱的效果就不如拿走他的手机让他暂时不能使用效果好。记得要将这些惩罚加上一个期限，否则可能产生相反的效果。

培养孩子的共情能力，让孩子反思自己的行为

▼

让孩子远离欺凌行为的另一个有效的方法是培养孩子的共情能力。可以通过提问孩子以下问题来提升孩子的共情能力。

“你觉得受了伤害的孩子——在你对他做了这些事情后——会有什么样的感受呢？”

“如果有人对你做了同样的事情，你会有什么样的感受？”

“也许你认为你是在开玩笑，但是并不是每个人都认

为这是一个玩笑。”

“每个人都是不一样的。也许有人被你的行为深深地伤害了，你能想象到这一点吗？”

……

通过这样的询问，帮助孩子站在受害者的角度看问题，可以大大提升孩子的同情心和共情能力。然后，可以继续深入询问，比如：

“想象一下，当别人被你的行为深深地伤害了，你接下来应该怎么做呢？”

如果孩子想出了几个方案，我们可以和孩子一起讨论并选择一个最合适的方案。我们要帮助孩子真正完成这个任务。

有的时候，孩子虽然一开始认为某个方案非常合适，但在实施过程中遇到困难时，可能会退缩。这时，作为家长，我们要和孩子讨论如何解决当下的困难，以及是否要对选定的方案进行一定程度的调整。

带着孩子给受害者道歉

▼

实际上，家长有必要因为孩子的欺凌行为向受害者甚至受害者的父母道歉或做进一步的解释，我们应该做好这样的准备。这件事情并不容易，但这从某种程度上说是家长应该承担的义务。当然，这件事绝对不只是家长的事。我们要和孩子共同讨论甚至共同完成这件事。道歉当然很重要，以此为契机对孩子进行相关教育同样重要。在准备做这件事之前，我们一定要和孩子讨论我们为什么要这样做，让孩子明白他应为欺凌行为负责任。

在和受害者及其家长交流时，我们一定要理解和接纳他们的各种情绪。

接下来，我们要向对方解释孩子为什么会做出欺凌行为。我们要为孩子的行为道歉，更要让孩子知道他应该承担的后果。我们不需要详细地告诉受害者及其父母我们会如何对孩子进行惩罚，但我们应该告诉他们我们的孩子会为自己的行为负责任。

与受害者父母的真诚沟通，可以让孩子清楚地看到我们对于欺凌行为的态度，以及我们会如何处理相关问题。在这个过程中，我们所有的行为对孩子来讲都是很好的示范。

当然，我们都非常明白，这样的沟通大多情况下是很困难的，也是很有挑战的。有时，受害者的父母可能会很生气，不愿意和我们沟通，甚至拒绝对话。如果真的遇到了这样的情况，我们要尽量表现出这样一种状态，既要真诚地道歉，也不要被对方的态度影响。我们要知道，事情总要解决的，受害者父母的怒气需要发泄，只要我们真诚地道歉，并全力配合解决当下的事情，尽全力杜绝欺凌行为再次发生，这件事也许就结束了。

欺凌事件的终结，并不意味着欺凌者的责任和受害者所受伤害的终结，但双方都不应该一直陷在这件事中，否则对孩子的成长非常不利。

积极与学校合作，创建无欺凌的和谐校园

▼

欺凌者的家长应该积极配合学校构建无欺凌的和谐校园。受害者因为在欺凌事件中所处的弱势地位，往往更容易引起人们的关注。但是，很多人往往并不知道如何帮助欺凌者，从而导致欺凌者在接下来的生活中遇到很多挑战和困境。

我们会在后面的内容中更为详细地和大家探讨——家长应该如何配合和帮助学校建立一个友善的、无欺凌的、和谐的校园环境。在这里，我们特别想对欺凌者的家长说的

是，不要担心自己会被其他人当成不合格的家长。只要我们愿意付出努力、真心实意地想要改变现状，终究能得到学校以及其他家长（包括受害者的家长）的理解和支持。

我们都明白，养育孩子并不是一件容易的事。若我们能够彼此共情，用同理心感受他人的不易，我们的力量就将汇聚在一起，继而形成更强大的能量，致使看起来不可能的事成为可能。

家长作业

若孩子成了欺凌者，你知道该怎么办吗

假如你的孩子参与了欺凌事件，并且是一名欺凌者，你会怎么做呢？请详细梳理一下。

第八章

培养孩子的共情能力，助力孩子远离校园欺凌

共情能力的发展直接影响孩子社会情商的发展

▼

我们来看一个案例。

小云今年13岁了，一天晚上，她和7岁的弟弟以及妈妈一起看电视。电视正在播放一个地方地震之后的情景，一个年幼的孩子在地震中失去了妈妈。这个孩子伤心地哭着，站在废墟之中，他不知道该怎么办，完全迷失了方向。

小云和弟弟都出现了情绪变化。小云一开始沉默不语，然后轻轻地哭了起来。她的眼泪顺着脸颊不停地往下流。

这时，弟弟说："那个小孩哭了，他多可怜啊。我想，他应该是在找他的爸爸妈妈吧。他们怎么了？"

妈妈回答说："他在地震中失去了妈妈。"

听了妈妈的回答，弟弟只是说："哦，失去妈妈一定很可怕。"然后，他站起来去了厨房。

小云坐在沙发上，哭得很伤心。她觉得非常难过。

弟弟回来时，拿来了三杯水：一杯给自己，一杯给妈妈，一杯给姐姐。

"给你！"他对姐姐说，"哭的时候，喝点水你会好一些的。"

在上面的例子中，我们看到了两种明显不同的共情。小云真真正正共情到了新闻中那个孩子的悲伤情绪。她能想象到这个孩子失去妈妈的感受，她甚至能感受到那个孩子当下的情绪。她的共情能力已经发展得很好了，在看到这样的场景时，她完全被触动了。当然，并不是说看到这样的场景时，只有哭出来的人才有共情能力。毕竟，每个人表达情绪的方式是不一样的，重点在于能共情别人的感受，在于被触动。

而在小云弟弟身上，我们看到的是一种正在发展中的共情能力，是一种以自我为中心的共情。他能理解电视上的孩子的伤心，但在这个过程中他还需要妈妈的帮助。另外，他虽然能理解新闻里的孩子的伤心，却没有感受到对方的情绪。他也看到了姐姐的伤心。为了安慰姐姐，他给姐姐端来了一杯水，因为他哭的时候，这个方法对他而言是有效的。同时，我们要注意的是，弟弟表达的是“哭的时候”，而不是“感到难过的时候”。也许喝水对姐姐并没有帮助，但他并没有意识到这一点，他只是简单地认为对自己有效的方法对别人也有效。

共情在孩子社会情感和社会情商的发展过程中起着至关重要的作用。另外，正如我们在前面几章中讲的那样，为了让孩子免受欺凌，为了避免孩子成为欺凌者，共情能力的培养是十分重要的。

有共情能力的孩子在学校和同龄人中更受欢迎，能够更好地保护自己免受欺凌，也不会成为欺凌者。在这一章，我们会详细讨论什么是共情能力，以及家长应如何帮助孩子发展共情能力。

什么是共情能力

▼

我们所说的共情到底是什么意思呢？在关于这个概念的研究中，很多研究者给出了自己的定义。把这些定义总结一下，我们可以说，共情是指能够真正想象另一个人或另一些人的感受以及情绪的能力。

有些人把共情的概念和同情的概念混为一谈，这是不对的。同情的意思是，我们能想象另一个人或另一些人的情绪，但我们只是知道别人在某些情况下会有这些情绪，我们不一定感受到了这些情绪。可以说，同情和共情真正的区别在于，前者是“理智上的认为”，后者是“情感上的感受”。

还有一个简单的方法可以帮我们区别同情和共情：同情是我们对他人情绪的认识，共情是我们对他人情绪的理解。这是头（你知道等于同情）和心（你感觉到等于共情）的区别。

很多心理学家都写过专门阐述共情理论的著作。在这里，我们特别推荐其中较有代表性的两位——Martin Hoffman和 Daniel Goleman。

根据Martin Hoffman的理论，儿童共情能力的发展主要分为三个阶段。

普遍性共情的建立发生在孩子出生后的两三年。这种不成熟的共情在生活中非常多。比如，当一群宝宝在一起时，如果一个宝宝开始哭，其他宝宝也会跟着哭。之所以会出现这种情况，是因为能通过哭声表达的痛苦情绪，是宝宝出生时就具有的基本情绪之一。听到一个宝宝的哭声，其他宝宝也会立即感受到痛苦，从而会不自觉地通过哭的方式表达出来。

2～3岁时，孩子逐渐形成以自我为中心的共情。他们可以识别其他孩子的一些情绪，甚至可以感受到其他孩子的情绪，却不知道如何以恰当的方式回应。所以，常见的情况是，他们表达某种情绪时，别人用什么样的方式回应他们，他们就会用什么样的方式回应其他人。比如，当一个小婴儿哭闹时，一个3岁的孩子会通过给他一个自己喜欢的玩具来安慰他。也即，3岁的孩子能够识别其他人的情绪，能够想象到对方的伤心，甚至知道对方需要一些安慰。这是孩子共情能力全面发展的第一步。

真正的共情能力要到孩子六七岁以后才开始发展，并且会在青春期和成年后逐步成熟。这时的共情是指一个人能够识别、想象和感受他人的情绪，并能真正理解他人的情绪。比如，看电影或书时，看到一些感人的或悲伤的情节时，共情能力好的人会不自觉地流泪，这就是真正的共情。

共情能力的发展进程

▼

著名心理学家Daniel Goleman是畅销书《情商》的作者，他在书中明确解释了共情能力发展的三个阶段。

第一阶段：认知式共情

孩子能够理解别人会产生不同的情绪，同时也明白自己也会产生不同的情绪。也即，他能够站在他人的角度看问题。

第二阶段：情绪式共情

到了这个阶段，孩子不仅能够理解别人可以有不同的情绪，甚至可以想象这些情绪会带来怎样的感受。孩子几乎可以与别人同时感受到同一种情绪。

第三阶段：同情式共情

孩子能够理解和感受他人的情绪，并且在对方陷入负面情绪时，愿意帮助对方，比如会做一些事情以便对方感觉好一些。

同情式共情能力就是我们所说的已经发展完全的共情能力。这种共情能力对于预防校园欺凌是非常有帮助的。根据Daniel Goleman的说法，发展出了同情式共情能力的儿童和成人，可以成为优秀的团队成员和领导者。共情能力好的孩子更懂得如何管理自己的情绪，而这种技能正是在欺凌情境下一个想成为防卫者的孩子所必备的。要发展出同情式共情，孩子首先需要发展认知和情绪上的共情。

在Martin Hoffman看来，婴儿具备情绪式共情的基础是：他们能够模仿基本的情绪表达，如悲伤、沮丧等。随着慢慢长大，孩子将认识到更多基本情绪，如快乐、恐惧、焦虑等，并且能够体会这些基本情绪之间的细微差别。在1岁之前，孩子只是模仿这些情绪。1岁以后，孩子开始明白人的情绪有差异，同时也很困惑，因为不知道如何应对。比如，在日常生活中，看到一个小宝宝哭闹的时候，1岁多的孩子会跑到自己妈妈那里寻求安慰，因为他也会感到难过；而两三岁的孩子会跑到正在哭闹的宝宝的妈妈身边，请她去安慰自己的宝宝，因为这个年龄的孩子已经明白，那个哭闹的宝宝有和自己不一样的情绪，并且应该有人去帮他处理这些情绪。

心智理论的发展

这里的心智理论指的是一种能力，即一个个体明白自己是一个独立的个体，并且知道别人的想法和观点可能与自己不同的能力。

只有发展出这种心智理论，孩子才有能力从另一个人的角度看问题。心智理论一般在孩子3～4岁开始发展，这种能力在共情的发展过程中起着非常重要的作用。

家长可以通过一些小实验，确认自己的孩子是否已经发展出了心智理论。

比如，我们拿着一个糖果盒子分别问一个3岁的孩子和一个5岁的孩子："盒子里面有什么东西？"他们很可能都会说里面有糖果。然后，我们打开盒子让他们看一下，原来里面装的不是糖果而是石头。现在，他们知道我们手里的盒子里面到底有什么。这个时候，我们再问他们："你们觉得在那边玩的小朋友认为盒子里有什么？"实际上，在旁边玩的小朋友并没有看到盒子里有什么。3岁的孩子一般会回答："石头。"而5岁的孩子一般会回答："糖果。"

为什么会有这样的差别呢？虽然他们已经知道盒子里面放的是石头，但对于3岁的孩子来说，因为还没有形成心智理论，所以他会认为他知道盒子里有石头，那么大家也应该知道盒子里有石头。然而，5岁的孩子已经具备了心智理论，能够想象到别人也会犯和他一样的错误，也就是看到糖果盒子时会自然地认为里面装着糖果。

能够设身处地从他人的视角看问题，这种能力对同情式共情和情商的发展极为重要。

如何促进孩子共情能力的发展

▼

家长如何帮助孩子发展共情能力呢？我们先看一个案例。

明明4个月了，当他的妈妈张云轻轻地把他放在婴儿床上时，他开始又哭又闹。张云于是和明明说起了话，希望用自己的声音安抚他的情绪。但明明的哭声并没有停止，张云揉揉他的肚子，同时轻声叫他的名字。但明明却一直在哭。见明明还在哭，张云抱起明明，慢慢地安抚他，直到他平静下来。

张云对明明的不适很快给予了回应，并且她的方法是循序渐进的，因而效果明显。

每一个孩子都要学会安抚自己，但在这个过程中他们需要充满爱的帮助和支持。就像多和孩子说话可以帮助他学习语言一样，安抚孩子的情绪可以帮助他学会安慰自己，进而学会安慰别人。

孩子从出生开始就在父母和主要照顾者的影响下学习和发展共情能力。如果他们能够体验到别人是如何用不同的方式安抚他们的，他们就能从中学会识别自己的情绪，这也是他们信任父母安抚他们的方式的基础。

做有共情能力的家长

如果想帮助孩子发展共情能力，最重要的一个前提就是要做有共情能力的家长。我们在前面讲过，父母是孩子的榜样，孩子将从父母这里学习如何识别、接受、理解自己的情绪以及他人的情绪。

在3岁之前，孩子是不具备共情能力的，这一点我们在前面已经解释过了。但是在3岁之前，他们还是可以从父母这里学习到很多关于共情和情绪的常识的，这将为其共情能力的发展打下良好的基础。此后，他们将慢慢学会，别人和他们有不同的感受，并且即使别人和他们有同样的感受，所采用的表达方式也可能不一样。

共情能力好的父母可以识别自己和孩子的情绪，并且能够给各种情绪命名。在孩子0～3岁时，我们可以尽可能多地做这样的事情。每当孩子表现出一种情绪时，尤其是负面情绪时，我们都可以坐下来和他好好讨论一下我们所看到的。比如：

“我看得出，你不高兴了。你能告诉我你怎么了吗？”

“我不想睡觉！”

“我理解，你现在还不困，对吗？”

年龄较小的孩子还不具备识别自己情绪的能力，家长在觉察到孩子的情绪时，说出孩子正在体验的情绪是非常重要的。通过这样的方式，孩子能意识到自己所体会的情绪有自己的名字，而且自己的父母也能感受到自己的情绪。如果能做到这一点，我们就是能共情的家长。

随着孩子慢慢长大，能共情的父母能够真正关注到孩子的内在，而不是只能关注到孩子说了什么。比如：

“孩子，你今天过得怎么样？”

孩子（11岁）：“哦，就和平时一样。”

“好，那你去写作业吧。”

这位家长做了一个尝试，想要问问孩子当天的感受，但孩子并没有清楚地回答，也许他认为家长并不关心他的感受。孩子这一天可能过得非常糟糕，比如遇到了校园欺凌，但他认为家长并不关心他到底经历了什么、他的感受是什么，所以可能选择不告诉家长自己经历了什么事。所以，怎么办呢？也许我们应该这么办：

“孩子，你今天过得怎么样？”

孩子（11岁）：“哦，就和平时一样。”

“我感觉你好像不是太好。你坐到我旁边来，我们好好聊聊。”

这才是真正的共情。我们需要让孩子知道我们真的关心他和他的感受。

帮助孩子认识自己的感受（形成认知式共情）

会共情的父母能够帮助孩子认识自己的感受并从容应对。我们再回到上面的例子。接下来，可以这样和孩子沟通：

“我感觉你好像不是太好。你坐到我旁边来，我们好好聊聊。”

“其实今天并不是一个好日子。”

“哦，是吗？你能解释一下为什么今天不是一个好日子吗？”

“那群四年级的男生又翻我的书包了，他们一边嘲笑我，一边把我的书包扔掉了。”

“哦，我能想象到，当这样的事情发生时，你一定很难受。你当时的心情是怎样的？”

“我太生气了！”

"是的，我如果遇到这样的事，也会很生气，我可能还会感受到绝望，因为我是一个人。"

"其实，我也有这样的感觉，但我不好意思表现出来。"

"嗯，我可能也会觉得不好意思。孩子，我很高兴你愿意和我分享这些。我为你感到骄傲。你想让我帮你对付那些欺负你的男孩吗？"

这是真正能够共情的家长的做法。这才算真正关心孩子的感受，没有对孩子的情绪做任何负面评判。对孩子来说，这真的是一种重要的鼓励。孩子因此会觉得自己是被家长支持的，才更愿意和家长讨论，看看有什么办法可以帮助自己应对欺凌行为。而且在这样的沟通基础上，当家长尝试给孩子一些建议时，孩子更敢于告诉家长哪些建议适合他、哪些建议不适合他。

有些家长不愿意和孩子进行这种充满共情的沟通，尤其不愿意和男孩进行这种沟通，因为他们担心这样的沟通会让男孩变得过于敏感。对很多家长来说，敏感是太过女性化的特征。对男孩来说，他们可能会认为，过度敏感是软弱的标志。所以，他们可能会因为男孩太敏感而批评男孩，告诉男孩要做个坚强的孩子，要通过反击来显示自己的力量。如果采用这样的方法，孩子注定感受不到家长对他的支持。批评还会让孩子的自尊受损，让他更加不自信。

帮助孩子认识他人的感受（发展情感式共情）

孩子4岁以后，就有能力理解别人的感受和自己的感受不一样，能够从别人的角度看问题。

但在孩子三四岁之前，我们不要费力地向孩子解释：“你不能打别人，因为这样会伤害别人。”是的，我们一定要让孩子懂得，他不能打人，尽管他还没有办法明白其中的道理。但是，这个年龄的孩子完全是从自己的角度看问题的，因为打别人不会伤害到自己，他就理所当然地认为别人也不会疼。也就是说，他还不理解别人的感受和他的感受是不一样的。

4岁以后，孩子才会明白，别人的感受和自己的感受可能是不一样的。这个时候，我们再给他讲“不能打人”的道理对他来说才有意义。也就是说，从这时开始，可以引导孩子去思考别人可能出现的感受，从而教会他共情别人的感受。怎么引导孩子呢？我们看看以下两个例子。

案例一：

一个妈妈对6岁的儿子说："宝贝，不要去撞别人，别人会很疼的。如果你把别人弄疼了，要说对不起。"

案例二：

一个妈妈对13岁的女儿说："如果你没时间陪你的好朋友，直接不理她绝对不是一个好的处理方式。试想一下，如果她不理你了，你会有什么感受？"

女儿："我会很失望。"

"是的，那她可能也会有这种感觉。如果她没时间陪你，你希望她怎么做呢？"

“她直接告诉我她没有时间就好了！”

“那你最好也能这么做。”

这两个妈妈的引导方式，孰好孰坏，高下立见。

帮助孩子发展同情式共情

当孩子学会识别自己和他人的情绪后，我们接下来要做的就是帮助他学习一些技能，让他在别人情绪不好时能够帮助别人。在这方面技能的学习过程中，父母依然是很重要的榜样。如果我们从孩子很小的时候起就能经常在他面前表现出对他人的共情，他就能自然地学习到这种善待他人的方式。

同情式共情是最高级的共情方式。当孩子从我们这里学到了这一点，孩子很可能在欺凌事件中成为一个防卫者。这样的孩子更容易被同龄人接纳，也更能保护好自己，让自己免受欺凌。

总而言之，要想支持孩子发展共情能力，以下几点是家长应该做且必须做的。

1.允许甚至鼓励孩子表达所有情绪，尤其是负面情绪。

2.当孩子表达负面情绪时，用共情的方式回应他。即使面对还不会说话的小孩子，也要如此。

3.给孩子的情绪命名，或者说教会孩子觉察并搞清楚自己正在体验的是什么情绪。

4.给孩子示范如何对他人表示同情或共情他人的感受。

孩子在共情能力发展方面有困难怎么办

▼

孩子不是天生就会共情，但是孩子天生就有发展共情能力的基础。孩子的共情能力能否得到发展取决于一些必要的条件。家长在培养孩子的共情能力方面起着至关重要的作用。

如果一个孩子在成长的过程中从来没有看到过家长表达共情，他就很难学会共情。从最新的研究中我们得知，发展共情能力的基础一部分来自遗传。如果一个孩子不会共情，一方面可能是因为他没有机会从父母那里学到如何共情，另一方面可能是因为遗传因素。

同时，我们知道，一些精神障碍和人格障碍可能使儿童或成年人难以共情。例如，患有自闭症的人很难识别他人的情绪。他们很难从他人的面部表情或行为表现中看到对方的任何情绪。同时，自闭症患者也很难识别自己的任何情绪。

在不同的自闭症患者身上，这一点也会有不同的表现。我们不想在此提供任何诊断建议，如果发现孩子在理解自己或他人的情绪方面有困难，在表达情绪方面有困难，在理解情绪的表达方式方面有困难，务必找相关领域的专家进行咨询。

另外，如果孩子不仅缺乏共情能力，甚至喜欢伤害他人，而且不明白这是不对的，我们一定要给予关注。如果这样的孩子没有得到专业帮助，他很有可能成为欺凌者，同时也极有可能成为欺凌事件的受害者。

以下是我们总结的一些值得警惕的信号。

1.当看到别人十分痛苦时，不能表现出任何情绪。也就是说，孩子对别人的困难或问题不关心。例如，当别人摔倒或受伤时，孩子不会表示关心，不会询问对方是否受伤，更不会提供帮助。

2.对他人的需求不敏感。例如，当看到一个人明显需要帮助时，孩子却什么也不做。

3.对别人的感受没有任何反应。比如，当看到一个人非常沮丧时，孩子完全置之不理，并不会问对方怎么了。

4.不会赞美别人。能真诚地赞美别人表示有能力注意到别人的需要，并能够给予别人积极的反馈。否则，就是共情能力缺乏的表现。

5.在别人说话的时候不能认真倾听。这说明孩子对别人的想法、处境、感受等完全缺乏兴趣。这也是共情能力缺乏的表现。

如果经常在孩子身上看到这些反应，而且确定他不是从家长身上学到的，请寻求专业帮助。即使孩子已经进入了青春期，这时开始学习共情能力也不晚，只要努力，就一定有机会慢慢发展共情能力。即使是有精神障碍的孩子或成年人，也可以通过学习慢慢学会识别他人的情绪，并学会用适当的反应来回应别人的情绪。

家长作业

如何在日常生活中帮助孩子认识自己的感受

每天晚上请孩子在一个本子上分别写下当天所经历的至少三种积极的和三种不太积极的感受。

还可以让孩子写下他当天观察到的某个好朋友的至少三种负面情绪。

让孩子想一下，他有了负面情绪和不好的感受时，应该怎么办？同时，让孩子思考一下，他应该如何回应别人的负面情绪？

如果孩子还在上小学，可以和他一起完成这个作业。如果孩子想自己完成这个作业，就让他自己完成。

第九章

与学校合力应对校园欺凌

配合学校打造无欺凌校园环境

▼

读到这一章的时候，很多家长已经可以算是一个富有相关知识与技能的“反校园欺凌先锋”了。如果你边读边实践，就更是如此了。

我们在前面的内容里和大家分享了很多关于校园欺凌的知识，比如为什么要重视欺凌、如何帮助那些遭遇欺凌的孩子、如何让孩子远离欺凌等。这些都可以让孩子尽可能远离校园欺凌。不过，这就像让孩子在家里演习如何在学校应对自然灾害一样，虽然我们可以帮孩子掌握很多逃生知识和技能，但这可能不如学校应对自然灾害的相关预案更有效。

如果学校负责人能够意识到，欺凌随时可能发生在校园中（几乎可以肯定地说，所有学校都存在欺凌），那么就会提高对欺凌这个议题的重视度和警惕性，并会通过采取某些方法、实施某些行动，以使学校有一个更安全的校园环境，从而尽可能避免欺凌事件的发生，从根本上杜绝发生恶性事件的可能。

在学校实施反欺凌方案不仅对制止学校中已存在的欺凌事件非常有帮助，而且能预防欺凌事件的发生。此外，实施反欺凌方案，还能帮助学校在家长中、在社会上树立更好的形象。学校通过实施反欺凌方案可给公众传达一个明确的信息：我们对学校里的欺凌行为持零容忍态度，我们会尽可能让所有学生和老师都拥有一个安全的校园环境！

有的家长可能觉得，这些信息不足以说服学校倾尽全力打造无欺凌校园环境。那下面这种游说方式可能更有效：每个学校都希望自己的学生能成为栋梁之材，然而如果学校里常有欺凌事件发生，学生安全感不足，怎么能安心学习呢？

那么，一个让家长放心、学校省心、孩子安心的反欺凌方案，究竟是怎样的呢？有的学校可能对此一头雾水。来吧，反校园欺凌先锋！对，说的就是正在读本书的你，根据我们的建议，帮助学校完成这个重要的任务吧！

要说明的是，我们在这里提出的建议，主要来自我们在2018年编撰的一套反欺凌方案。我们编撰这套方案时从欧洲几个国家的反欺凌指导纲要中得到了很多灵感，当然我们也根据实际情况进行了相应的调整。在欧洲，类似的方案已经被证明是行之有效的，能够帮助学校打造无欺凌校园环境。具体来讲，我们将这套方案称为“安全和谐校园计划”。

安全和谐校园计划

“安全和谐校园计划”是一系列面向小学高年级学生与初中生的反欺凌课程。它主要包括以下四个主题。

1.什么是欺凌——友善与不友善的行为。

2.欺凌中的角色与防卫者。

3.针对少数群体的欺凌。

4.如何让学校成为无欺凌学校。

通过这些课程，学生可以了解什么是欺凌、欺凌可能就在我们身边以及关于欺凌的其他信息；学生可以学会许多防欺凌技能，比如如何用友善的方式对待他人、如何成为一名防卫者、如何使用简单的工具进行欺凌现状调研等；学生还可以加强对欺凌、歧视的警觉与重视，提升自己的自尊心与自信心，从而勇敢地保护自己并制止欺凌事件。

该方案的目标是：尽可能让全校师生一起承诺在班级内和学校内营造更积极、更友善的氛围。

尽可能让所有学生做反欺凌承诺，是该项目成功实施的一个重要保证。

通过这个方案，我们要让学生明白，班级里或学校里的每一个参与欺凌的人（即便是被动参与到欺凌中的人）都需要做出改变。

在这样的情况下，所有学生对于欺凌以及自身安全都会形成以下观念。

1.任何欺凌以及类似欺凌的情况在班级中或学校里均不被容忍。

2.我们需要照顾好彼此（身体上和心理上）。

3.我们要意识到，我们都有责任维护和谐安全的校园环境。

“安全和谐校园计划”不仅为学生设立了目标，对学校的老师也提出了相应要求：帮助学生了解更多相关知识，对欺凌行为要有科学的认识以及更多的警惕。

具体来讲，老师要做到的是：

1.教会学生共情同学的感受；

2.帮助学生学习应对欺凌行为的技巧；

3.对欺凌事件中的学生的心理背景有更多了解；

4.拥有在班级中识别欺凌行为的技巧；

5.有更多的抵制欺凌的技能，并有在班级中营造和维护和谐安全的氛围的意识和能力。

如何说服学校开展反欺凌计划

▼

作为家长，如果你打算说服学校开展反欺凌计划，以下是我们的建议。

开始时，你需要问问孩子：“你希望与学校讨论如何改善学校氛围这件事吗？”你要让孩子明白，你是在校学生的家长，你希望在必要时提供帮助和支持。对于这件事来讲，取得孩子的同意是非常必要的。通过孩子，你能更加了解学校可能面临的挑战和困难，从而才能更有效地以家长的身份提供支持。退一步讲，如果孩子对此表示抗拒，这或许表明他所处的环境已经出现了某些问题，甚至他的安全可能已经受到了威胁。打一个可能不太恰当的比方，你想要帮孩子整理他脏兮兮的房间，却被他一口回绝，那你一定会起疑心——他的房间里是不是有什么不该存在的东西?

得到孩子的肯定后，下一步就是和孩子讨论：家长应该怎样支持学校?

在与学校具体沟通之前，你可以考虑寻求更多家长的支持与帮助。比如，你可以在孩子所在班级家长微信聊天群里和其他家长沟通。你可以在群里说出自己的初步计划，请其他家长多出主意；或是讲讲防欺凌对于孩子的重要性，号召其他家长加入。虽然不是所有家长一开始就能明白，但你终能得到支持。

接下来，可以与孩子的班主任或是相关老师聊一聊。比如，你的孩子曾经表示学校存在欺凌现象，你可以就此与老师进行探讨：这种情况是否普遍存在？是否还有其他欺凌事件正在发生？学校是否意识到了这一情况？学校是否已经在考虑采取相关措施？等等。也许，老师会告诉你学校里没有发生过欺凌事件。这种情况下，你要尽量让他们明白，防欺凌课程可以起到预防作用，可以帮助学校改善校园环境。

大多数情况下，学校对于发生在校园里的欺凌事件是有所了解的。然而，对于很多老师来讲，由于缺乏成熟的处理相关事件的经验，他们只能哪里出了问题就去哪里“救火”，硬着头皮对欺凌事件中的孩子进行说教，事实上不一定了解真正发生了什么，也不清楚怎么做才能让相关事件减少或预防此类事件的发生。这种情况下，身为家长的你就可以提供帮助了。你可以和他们分享我们的适用于学校的“安全和谐校园计划”，并与他们讨论是否有可能在学校进行深度推广。

比较成熟的做法是，先在孩子所在班级施行反欺凌方案，并进行简单的调查评估。如果取得一定成效，再在其他班级甚至全校进行推广。当然，这件事应该由学校主持完成，家长可以提供建议和帮助。

家长作业

与学校通力合作，打造“零欺凌校园环境”

请评估一下孩子所在学校校园环境怎么样？你觉得孩子所在的学校应该做些什么？作为家长，你又应该做些什么？